あきらめたくなるけど、絶対にあきらめない。

福岡トヨタ自動車 トップセールス
木原万里佳

内外出版社

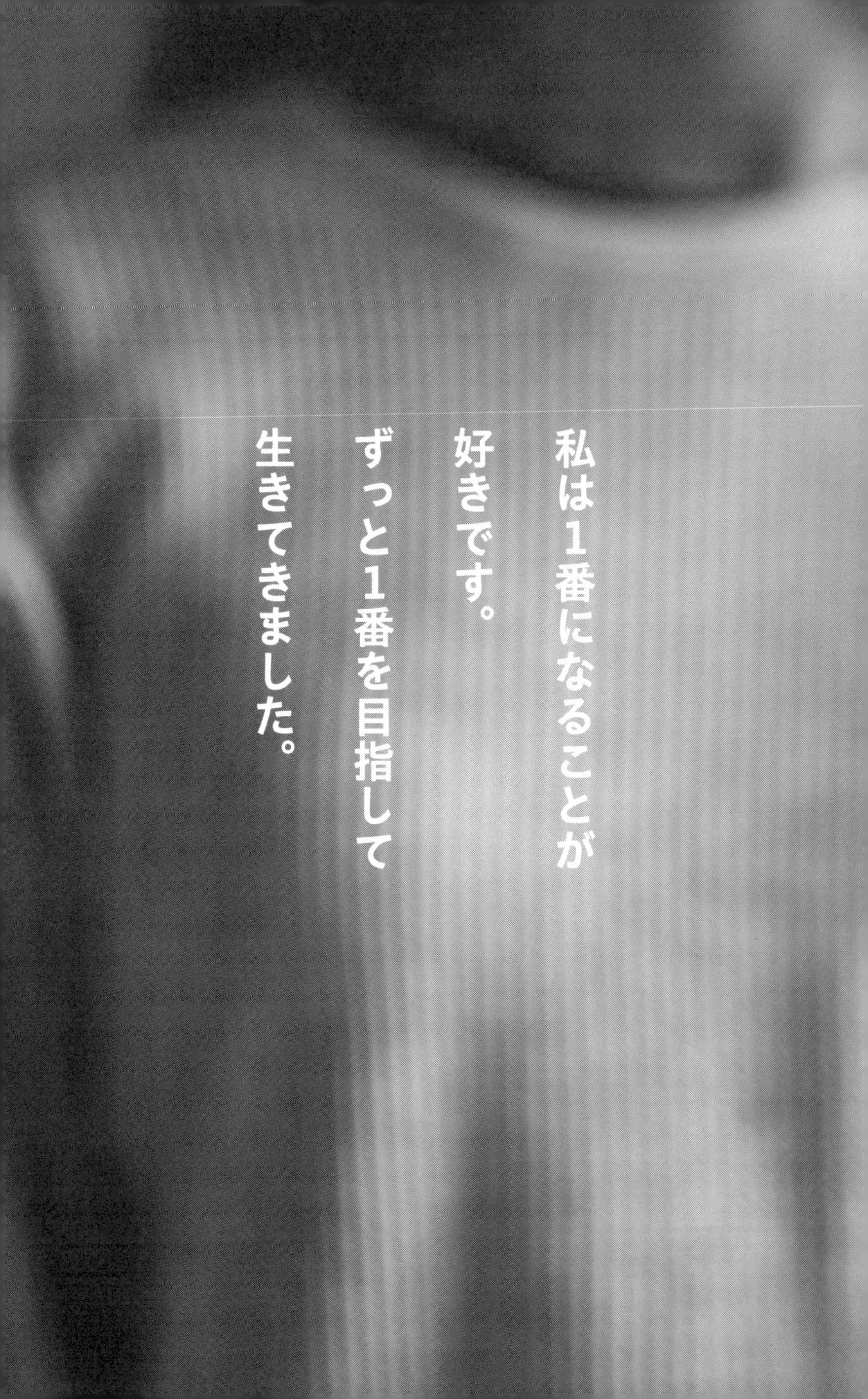

私は1番になることが
好きです。
ずっと1番を目指して
生きてきました。

例えば、
もし「日本一高い山は？」
と聞かれたら
誰もが「富士山」って
答えますよね。
でも、「じゃあ2番目は？」と
聞かれたら……。
あなたは何と答えますか？

目標をもって仕事をするときと
何もない状態でやるときって
自分の言動が
まったく違ってきます。
だから、できるだけ高い目標を
もって１番になりたい。
それだけ「１番」には価値が
あると私は思っています。

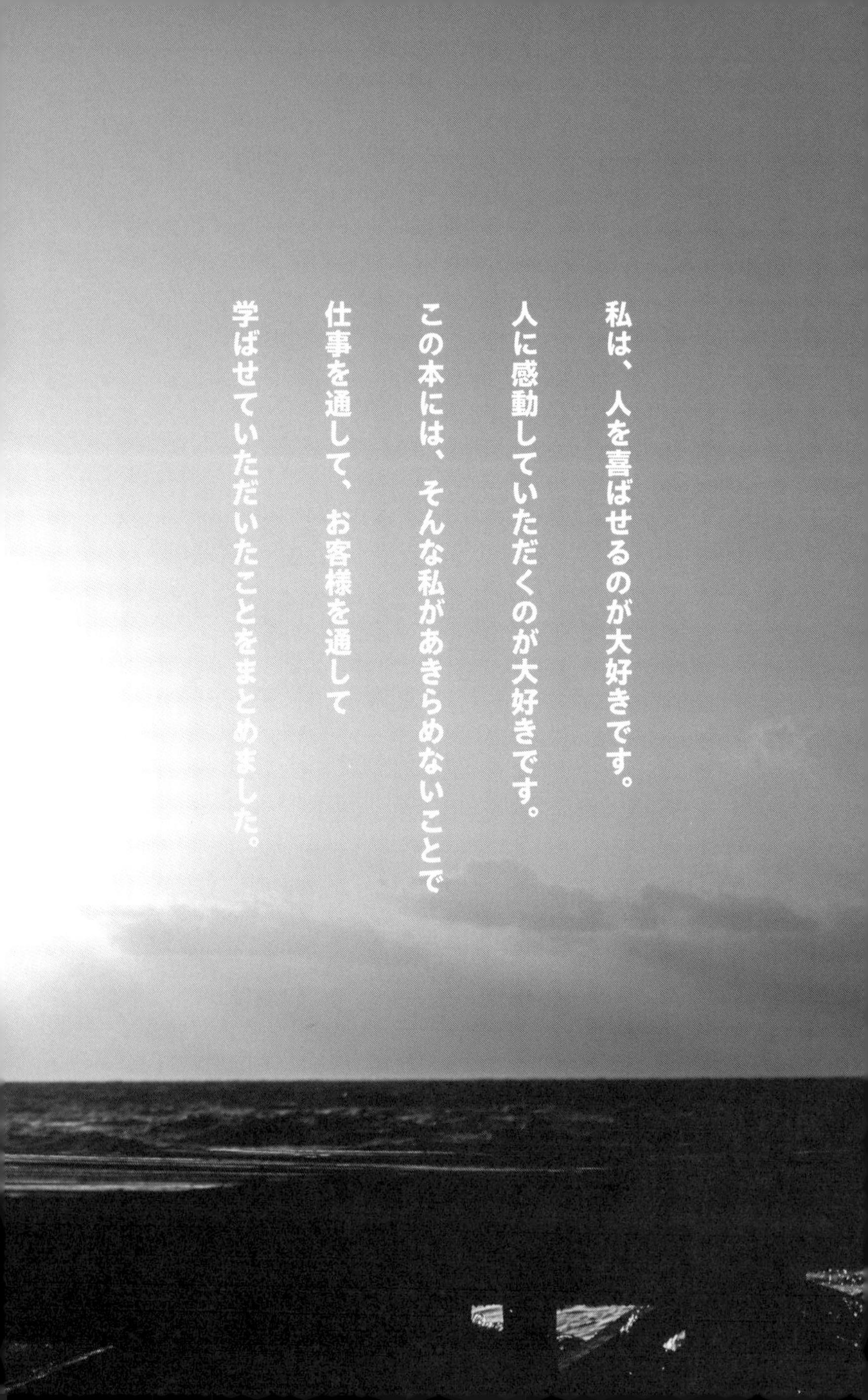

私は、人を喜ばせるのが大好きです。
人に感動していただくのが大好きです。
この本には、そんな私があきらめないことで
仕事を通して、お客様を通して
学ばせていただいたことをまとめました。

はじめに

「ここだ！　やっと出会えた！」
２０１１年、夏の就職合同説明会。
ゾクッとした瞬間は、今でも思い出します。
「あー、やっと見つかった」って
心から思えました。
それが私の人生「第２章」のはじまり。
トップセールスへの道のりの
スタートラインでした。

絶対に自分が選んだ会社に入る！

夢もなければ、特別やりたいこともなかった大学3年生の夏。

入学してからアルバイトにハマって、ほとんど学校に通えていなかったツケに焦りを感じ始めていた私は、とりあえず、何となく卒業に必要な単位を取得するため、数年遅れの授業を受ける毎日を送っていました。

年下の学生に混じって、1人で講義を受講し、寂しい気持ちのまま帰ろうと思ったある日の午後、隣の講義室では**「営業職・事務職のすすめ」**というタイトルの講演が行われていました。就活に向けて動き始める学生のための催しです。

何気なく、ふらっと入った講演会場で聴いた話は……私が大学1年生から就職の内定をいただくまでの約3年半、がむしゃらになって打ち込んだ福岡ドームでのビール販売のアルバイトで、自分なりに大事にしていた心得ばかりでした（その話は

第3章にたくさん書きました！）。

「営業職って、ビール売りに似ているな」

私は〝**営業**〟に向いているかもしれない……そう思った瞬間でした。何気なく入った就職向けの講演会で、今では誰が話していたのかも忘れてしまいましたが、思えばその瞬間が間違いなく**自分の大きな転機**だったと感じています。

私には、ずっと夢がありませんでした。小学生から大学卒業まであと1年となった頃まで、自分が何をしたいのか、どういう自分になりたいのかがわからなかったのです。

高校と大学の2回、私は受験を失敗しています。激しく落ち込みました。

自分が行きたかった学校にはものの見事に不合格で、結局は自分以外の人たちにすすめられたところへと進学しています。自分で意思決定をしていないので、2回とも後々の後悔は凄《すさ》まじいものでした。

今振り返ると、人生に偶然なんてあり得ませんし、すべての経験・体験は意味のあるものだと理解できますが、あの頃は社会人として就職するときこそ、**絶対に自分が選んだ会社に入りたい！**　と決めていました。同じ過《あやま》ちは二度と繰り返したくない、そう思っていました。

もしも両親に反対されたとしても、今回の就職だけは譲れないと決心して、もう二度と後悔したくないと頑《かたく》なに思いを固めていたものの、

「さて、自分はどんな仕事に向いていて、どんな会社で自分の力が発揮できるのだろうか？」

いざとなるとよくわかりません。ところが、就活向けの講演会で〝**営業**〟の言葉にふれたとき、自分のなかでスイッチが入ったのがわかりました。

それから……運命の日がやってきたのは、そう遠くありませんでした。

母親のひと言から運命の扉が開く

「はよ、会社の合同説明会に行ってきいよ」

娘の就職を気にかけていた母親のひと言に重い腰をあげ、それでもほとんどやる気のないまま会場へと向かった私……。しかも午前9時から午後5時までの説明会に、なんと閉場近い4時に到着し、多分ボーッとした表情で会場入りしたと思います。何となく「営業職」という目当てだけで会場内を回りました。

製造メーカーや小売業界、今思えば車のディーラーのブースにも数社立ち寄りましたが、あのときの自分の気持ちを偉そうに表現するなら、心が動いたテンションを数値化しても、ほとんどが30～50パーセントしか〝自分メーター〟の針は動きません。

そんなやる気のないまま閉場までの残り時間が迫ってきたとき、ひとつの横断幕が目に入ってきました。そして、書かれていた言葉に、私はなぜか動けなくなってしまったのです。そこにはひと言、こう書かれていました。

「攻めの営業」

なんてかっこいい言葉なんだ！

その五文字に吸い寄せられるようにして、私はブースのなかへと足を進めました。

そんな私の心をさらに動かしたのが（それが決め手となったのですが）、迎えてくれた人事の方のさり気ない言葉でした。

「営業の仕事って大変だよ。特に女性で成功する人は少ないから。絶対に大変なんやけど、俺は変えたいんよね。この〝福岡トヨタ〟を変えていけんかな、と思っとる。木原さんの力を貸りたい。俺には採用の権限とかないけれど、一緒に頑張ってほしい」

言われた言葉は今でもしっかり覚えています。

それまでの私は、ずっと鎖につながれたような呪縛感《じゅばくかん》をもっていました。

いつもモヤモヤしながらも、向き合ってこなかった自分の将来の夢。やりたいことが見つからない焦燥感《しょうそうかん》。日ごとに増す、いつまで経《た》っても見えてこない未来に対する不安に押しつぶされそうでした。いつも自分以外の何かのせい、誰かのせいにして、一体私はこの先どうなっていくんだろうと思っていました。ただ、自分から動かなかっただけなのに……。

私は、対応してくださった先輩の言葉に痺《しび》れました。身体中に電流が走ったという例えが大袈裟《おおげさ》ではないくらい、まるで運命の人（会社）に出会った気持ちでした。説明をひととおり聞き、私は、「やっと巡り会えた！　〝自分メーター〟は100パーセントここだ！　やっと行きたい会社が見つかった！」とビビっときました。

次の瞬間、自分がこの会社で働いているイメージが湧《わ》いてきました。

不思議な感覚ですが、実は私には妙に直感的に何かを感じる特性というか、感覚がありました。3年半、ずっとNo.1を走ってきたビール販売のアルバイトも、仕事に入った初日に、

「あっ、私……この仕事イケる」

と直感的に思って、それをずっとやり続けてきた体験があります。そして、誰にも負けないくらい、ビール販売のアルバイトでNo．1の結果を出しました。

そのときとまったく同じような感覚を、私は合同説明会で、ただ横断幕の言葉に惹《ひ》かれて入ったブース**「福岡トヨタ自動車株式会社（以下、福岡トヨタ）」**の会社に感じたのです（ふと頭に湧き、直感で私はここで働くことになるだろうと悟りました）。

1990年生まれの私が育ってきた中学生・高校生の時代は、〝ゆとり教育〟が全盛のときでした。詰め込み教育ではなく、思考力を鍛《きた》える方針へと教育の舵《かじ》をきった時代です。競争させることよりも、ゆとりをもって学問と接することが大切とされました。

それが良くなかったとは思っていません。でも、私はずっと違和感を覚えていました。テストの順位が張り出されることもなく、絶対評価ではなく相対評価から人と比較しない考え方が主流となっていました。とにかく「人と比べること」が少なくなりました。

でも、私は自分の心情として、**必要な〝競争〟もある、**と思っています。

人を蹴落《けお》とすような、人間の上下を決めてしまうような比較ではなく、お互いが励まし合い、意識を高め合い、成長し合えるような刺激となる〝競争〟も、特に企業のなかでは必要なのではないでしょうか。

自分が社会経験を積めば積むほど、その気持ちは強くなってきました。

あきらめない心が夢を叶える一歩になる

私が所属している**「福岡トヨタ」**では、毎年、全社員の〝夢〟を社員手帳に掲載します。ズラッと並べられた会社の役員の皆さん、上司や先輩、同僚や後輩みんなの〝夢〟が見られるのは、とても嬉《うれ》しいことです。いつも壮大なエネルギーみたいなものを感じます。

私が掲げた2021年度の〃夢〃も社員手帳に印刷されています。

「本を出す」

正直なところ、書く前は心のどこかで「叶《かな》うかなぁ？」と半信半疑になっている自分がいました。でも**「あきらめたくなるけど、絶対にあきらめない」**のが私の心情であり、ポリシーです。「絶対に、叶える！」と強く心に願いながら書きました。そして今、私はパソコンに原稿の文字を打ち込みながら、とても不思議な気持ちに駆《か》られています。夢だと思っていたことが、着々と現実化しているからです。

詳しくは本文内でふれますが、小さなご縁の糸が、出会い、つながり、少しずつ太くなっていき、気づけば「本を出す」という一本の太い縄になっていました。すべてが私の知らない世界、思いもよらない体験です。

この話を上司から聞いたとき、私が「えーっ！」とびっくりして大声をあげたことは言うまでもありません。自分があきらめずにやり遂げた2年連続社内No.1

の実績を達成したときよりも驚いたほどです。

とはいえ、実は驚きつつ、そして少々ビビりながらも「わーい！」と気合満タンにガッツポーズをとっている自分がいることも正直なところです。


私が体験したこと、常に大切にしている仕事への熱い思いを、この本を通じて私の知らない誰かが共有してくださるなら、こんなに嬉しいことはありません。

何度も心が折れそうになったり、何度もあきらめそうになったり、何度も悔し涙を流したりしてきました。それでも私がここまでやって来られたのは、いつも関わってくださるお客様、いつも支えてくれている上司や仲間がいてくれたおかげです。

そんな、これまでの経験から得た、たくさんの学びも、余すことなく書かせていただきたいと思います。

あなたの笑顔や明日への活力につながることが何よりも私の喜びとなります。

福岡トヨタ　トップセールス（現）新宮古賀店　店長　木原万里佳

【「はじめに」の追記】

私は「福岡トヨタ」に入社したとき、とにかく営業でNo.1になることだけを目標にしてきました。もちろん、まだ社会経験も浅く、〝女性〟という立場からも決して好条件でのスタートではありません。

ところが、私はこれまでに数々のNo.1の結果を残せたうえに、2022年12月からは福岡トヨタ最年少の店長にも選んでいただきました（新宮古賀店）。

本書の最初に、私がずっと大切に心がけてきたことをご紹介させていただきます。

この3つのことを軸としてきたからこそ、職場の上司や先輩、そして何よりも大切なお客様に育てていただけたのだと思います。

私がNo.1になるためにに心がけていた3つのこと

①気持ちを強く持ち続け、絶対にあきらめないこと

「あきらめない気持ち」と「自分を信じる気持ち」をもとう

営業をしていて、最も難しいのは、私の場合「車を売りたい＝No.1になりたい」というモチベーションを高い位置で保ち続けることです。

1か月だけ売れるとか、1年だけ売れるとかは、言ってみれば頑張り次第では難しくなく、その瞬間だけ満足していてはダメだと私は思っています。

私の尊敬するトップセールスの方々は、大きく実績を落とす月はありませんでした。私自身、それができているかと言われると、まだまだですが、お客様にご満足いただきながら常に車をたくさん売り続けられる継続力をもつ人が**本物のトップセールス**だと思います（これは車の販売にかぎったことではないと思います）。

私はありがたいことに入社してから、すべての社内のコンテスト旅行に参加させていただきましたが、それは簡単なことではありませんでした。

調子が悪く、周囲に「今回はさすがに無理だろう」と言われたときも、最後まであきらめずに、最終的に何とか入賞できたこともあります。

毎年、年間表彰があった頃の締めの10月、登録（実績）が間に合う最終日の朝9時半のSQ車検（スーパークイック車検＝90分内で車検を済ませるサービス）で来られたお客様に最後の望みと代替提案をして在庫車をご購入いただき、そのまま最寄りの警察署まで走って締め切りの10分前に車庫を提出し、登録できたこともありました。そういった体験もあり、**何事もあきらめない気持ち**と、最後は「絶対に大丈夫」と**自分を信じる気持ち**は非常に大事だと思っています。

②自分で決めた目標はすべて言葉にして周囲に宣言すること

気持ちを〝言葉〟に置き換えてアウトプットしよう

〝**言霊＝言葉がもっている力**〟という言葉がありますが、それは本当だと今までの経験で感じています。

私は会社に入社する前に、両親と社長に「**福岡トヨタで1番になる**」と伝えました。入社後も「**新人賞をとる**」「**保険のコンテストで全国1位になる**」「**トップ10に入る**」「**No.1になる**」など、目標を立てては周囲に宣言しました。必ず気持ちを〝言葉〟に置き換えてアウトプットし、それを達成してきました。

言葉として表現することによって、周囲に言った手前、達成しないわけにはいかなくなりますし、目標を達成するために、どういう仕事をしたらいいかを自然と考えて逆算して、計画的に働くようになります。

③一人ひとりのお客様にコンサルティングをすること
お客様のライフスタイルに合った提案を心がけよう

常に、お客様にとって、どんな車種や買い方などがベストなのかを考え、ぴったりな車種やグレードを、たくさん問いかけながら情報を聞き出して決めること。

車の買い方も多様になるなかで、お客様にぴったりな買い方を導き出し、そしてお客様にぴったりな保険を提案します。もちろん、お客様が車のトラブルで少しでも困ることがないようにメンテナンスパックなどもおすすめして付帯します。

お客様にとってのベストは何かを導き出し、提案することが私の使命だと思っていて、そういう意識に変えてから爆発的に実績もあがりました。

私は車だけを売る営業マンにはなりたくない、と常々思っています。

お客様の日常のライフスタイルなどもできるかぎり把握し、長期的な目線でそれにそったカーライフをご提案したいと考えています。

どの仕事もそうですが、これからのビジネス（商い）とは、常にお客様の満足度ありきの上に成り立っているものだと考えています。

あきらめたくなるけど、絶対にあきらめない。　目次

はじめに

第1章　あきらめないで「声に出す」

第2章　あきらめない「仕事術」

第３章　あきらめない「私のこと」

ちょっと長めの「あとがき」

「人生は縁と運」だと感じるこの頃の気持ち

ブックデザイン　亀井英子
イラスト　木原万里佳（トレース 杉田アヤ）
協力　村山結美
編集　鈴木七沖（なないち）

第1章

あきらめないで「声に出すこと」

「絶対に1番になるので私を採用してください」
入社試験の社長面接のとき、
私は大きな声で伝え、約束しました。
入社してからも事あるごとに
「1番になります！」と
何度も、何度も、思いを言葉にのせました。
「言葉にすること」「声に出すこと」
私が最も大切にしていることです。

「売れない営業」はどうして売れないのか？

私は〝**言葉**〟が大好きです。営業職にとって**「話すこと＝言葉にすること」**は最も大切なスキルのひとつですが、話すだけでなく書くことも好きで、個人的なSNSはもちろんのこと、私が2022年12月から最年少で店長を務《つと》める「福岡トヨタ新宮古賀店」の店舗ブログにも頻繁《ひんぱん》に投稿をしていました（さすがに店長になってからは、なかなか書けませんが）。

思っていることを言葉にするのは、本当に大事だと考えています。自分がこうなりたいとか、こういうことがしたいとか、特に言葉を声に出していると叶《かな》う確率がグンっと上昇します。

まだ入社間もないとき、「1番になりたい、1番になりたい」と、どこでも言っていた私に、配属前にいた研修先の店舗で、先輩たちがこんなことをつぶやいていました。

「木原、もう言うのはやめときいって。そんなことを言いながら辞めていった人が何人おることか（お前には無理だよ）」

「恥ずかしいことは言わんほうがいいよ（できもせんっちゃけん）」

「俺たちみんな覚えとるよ、お前が言ったこと（叶わない夢を）」

どうせ無理なんだから口にするな……私には、なぜ、みんながそんな悲しいことを言うのかわかりませんでした。入社した月にキラキラした状態で言われたので、しょっぱなからくじかれた思いでした。どうせ女性だから結婚したら辞めるんでしょ？　とでも言いたいのでしょう。どうせ続かんけん、女性が営業をしたって……。

営業で全社No.1になったり、営業出身で店長や管理職になられた女性がいないので、どうしても悲観的になるのだと思います。人は、前例のないものには懐疑《かいぎ》的になるものです。

まだ若かった私は、何度も悔しい思いをしました。言った人に対してよりも、言われた自分の実力がまだ伴っていないことをわかっていただけに、腹の底から湧《わ》きあがってくる悔しさです。

「ぐうの音も出ないくらい、一瞬でこの人たちを抜いてやろう」

心の中で思いました。というよりも叫びました。何度も、何度も。

「1番になる」って言えば言うほど、自分にプレッシャーがかかることはわかっています。勤続年数が増えると、それだけ後輩もできますから、

「なんかいな木原さん、言ったのにぜんぜん頑張っとらんやん。できてないやん」

と言われたくはない。そんな姿なんて自分が自分に許すわけがない。

2番なんて、いちばんダサいと思っていました。恥ずかしいし、意味がない。だから私は1番を目指す。誰に何を言われようが絶対に言い続けたいし、自分に与えられた環境やチャンスをあきらめたくない気持ちでいっぱいでした。

トップセールスという山の頂上まで登ってみると、それまで味わっていた世界とはまったく違う美しい景色が見えてきます。例えば、「売れない営業」は、どうして売れないのか？　その理由が瞬時にわかることからも、自分の感性や感覚が年を

経《へ》るごとに研ぎ澄まされていくのがわかるのです。

・**投げ合う〝言葉〟の数が圧倒的に足りない**
・**お客様を楽しませたり、満足させたりすることができない**
・**今いちばんやらなければならないことの優先順位が決められない**
・**商談のストーリー（物語）が瞬時に描けず、お客様をゴールへ導けない**

私が見てきたトップセールスの先輩たちは、性格の違い、スタイルの違いこそあるものの、誰もが**〝言葉を大切にすること〟**を重んじていました。話し方が柔らかなだけじゃない、当然ですが横柄《おうへい》なんてあり得ない、強引なだけなら嫌がられます。

私が、そのようなトップセールスの先輩方から学んで身につけたひとつが、ちゃんと話す必要のあることは伝えるけれども、**同じくらい〝聴くこと〟も大切にしている、**ということです。

それもただ聴くだけじゃなく、それに対する答えはもちろん、すぐに対応ができて〝**間違いのない人**〟として、素早くきちんと自分の〝言葉〟で話せる人。

　ここでいう〝間違いのない人〟とは、決して適当なことを言わない……もし、その場で返答ができない場合でも、すぐに確認して、1分1秒でも早く正確な答えをくれる人のことをお客様はおしゃっています。

　これって、普段から言葉を大切に扱い、自分が話すときも聴くときも、誠心誠意やっている人なら当たり前に身についているスキルでしょう。


　私は、ダラダラと仕事をするのが好きではありません。

　例えば、今月は売上目標を達成したけれど、翌月は無理、翌々月も無理、そして3か月後に再び達成みたいな、とてもムラのある結果にも満足しません。というか美しくないと思ってしまう性格です。

　それよりも、同じやるならいつも、どんなときでも達成して、No.1の座を目指していく……そういうスタイルを好んだのです。なので、入社してから常に目標はしっかり掲げました。成長して力をつけて、絶対自分が30歳になるまでには全社販売実績Ｎｏ．１になろうと気合を入れて決めました。

プライベートでは、実はまったくしっかりしていない、ガサツなところだっていっぱい持ち合わせている私ですが、いざ仕事になると前だけを向きながら目標に向かって挑《いど》める人間なのでした。

私が女性であるということ

これはどんな職業の、どんなポジションにおいても避けて通れないことだと思いますが、私は数年前まで自分が〝女性であること〟が嫌だと思う気持ちが強かったです。先にも書いたように、「どうせ女性だから……」「どうせ結婚して出産したら辞めるだろ」と見られることも嫌でした。

私が最初に女性であることがすごく嫌になったというか、「自分は女性なんだ」とあらためて感じさせられたのが、愛する「博多祇園山笠」というお祭りでした。

このお祭りでは、「水法被《みずはっぴ》」という格好（装束）で参加するのが習わしです。ただ、「博多祇園山笠」は男性が中心のお祭りなので、私は小学校の高学年くらいになって、このお祭りにハマったのですが参加は許されませんでした。それが、ものすごく悔しくて。

「なんで私は女性に生まれてきたんだ？」

と、誰に向けるでもない、やり場のない気持ちになったことを覚えています。

その次に強烈に〝女性であること〟を感じたのが就職活動のとき。

学生時代の就活のときも、「営業募集」という項目を見て問い合わせても「弊社は女性の営業は受け付けていません」と言われたことが何度もあって、母親に泣きながら「女やけん、ダメって言われた」と電話をかけたこともありました。

私の能力を判断したうえで言われるならまだしも、性別が理由なだけではじかれたことにショックを覚えました。

実は、福岡トヨタの入社式のとき、懇親会に参加していた私の母親が、社内の偉い方から、こう言われたそうです。

「お宅のお嬢さんには3年間くらいしか営業はさせません。その後は、就かせたいポストがあるので考えています」

きっと私が卒業した大学のこともかんがみて、この子は本社要員だと考えてくださったからこその話だと思いますが、そのことを母から聞いた私は、

「どういうこと？　女性だから？」

と唖然《あぜん》としてしまいました。

猛烈に1番になると決めていた私は、焦りました。

「ちょっと待った！　たった3年じゃ何もできない。1番になんてなれっこない」

優秀そうな同期の男性と2人で店舗に配属になると知ったとき、さらにその焦りは現実的になりました。彼と私は、きっとどちらかが先に営業を外されるな、と直感しました。私は1番を手にするために入社した。その目的だけを果たすためにやってきたのだ。これは大急ぎで全力疾走しなければ負ける。

実際に、販売実績で好成績を残していた女性の先輩が気を遣われて、ポストを外

された事実を目の当たりにしました。飛び抜けて優秀じゃないと外される……日に日に不安が増大していった私は、営業で1番になるという至上命題を実現させるためにも、入社1年目の者だけがチャレンジできる「新人賞」をとりました。最低でも全社内で5位くらいには上り詰めないとならない。全社で8位の方でも異動になることを知って驚愕《きょうがく》していました。そして、1番を目指す気持ちはさらにメラメラと燃えてきたのでした。

当時、私の配属先である「古賀店」の店長だった浅野博さん（現・福岡地区ゾーン長）も、あまりにもがむしゃらに働く私を見るに見かねて、

「なぁ、木原。影響力があって、人事権ももっている幹部に頃合いを見て『私は絶対、No.1になりたいから、このままずっと営業をさせてほしい。異動させないでほしい』と、そう言ってみてはどうか？」

今思えばあまりにも鼻息の荒い私をなだめるための言葉だったのかもしれません。しかし、浅野店長から言われた私はそれを真に受けて、いつかその言葉を然るべき人に告げられるよう、さらに結果を出そうと頑張り続けたのでした。

今、福岡トヨタの全社員数は約1300人と聞いていますが、そのなかの女性営業スタッフは40名ほど。自動車販売の営業という業種にかぎった話ではありませんが、女性の社会進出が進んでいるとはいえ、まだまだ営業職の世界は男性的な部分の要求度が高いのではないでしょうか。

例えば、金メダルを目指すオリンピック選手の世界なら、4年に一度、自分の全力を出し切ることが役割として課されるでしょう。

しかし、私たちのような〝車売り〟の世界では、月毎の締めはあるものの結果を出し続けることに終わりはありません。お客様ご自身だけでなく、ご家族皆様のライフスタイルにも関わっていく仕事ですから、「車を販売したらおしまい」というものではなく、むしろそれからが始まりで、お付き合いは延々と続くことがほとんどです。

社内でのロールプレイングコンテスト写真。入社2年目。連日夜遅くまで、先輩たちが練習に付き合ってくれました。15分ほどのロープレで、ほぼセリフを丸暗記しようとしましたが、一瞬とんでしまい5秒間沈黙が流れました。結果は3位。1位になりたかったので、終わった後に悔しさがこみあげました。

私たちができる最大のパフォーマンスは、**お客様とどれくらい対話ができるか、そこにお客様とのストーリー（物語）を築けるか**にあります。いかにして自分の経験と知識から言葉を紡《つむ》ぎ、声に出して表現しながら、新しいカーライフを味わっていただくか。私がお客様との関係において大切にしていることは後ほどふれますが、正直なところ過酷であり、生半可な気持ちでは続きません。

ましてや営業とは、目に見えて結果が出てしまう業種です。まずは結果が再重要視されるのは言うまでもありません。特に、私みたいに「No.1になる！」を公言し、そこに向かってひた走る人間にとっては、女性だから……などという甘えは許されません。

私が入社1年目の頃、新人の女性営業では不慣れでまだ無理！　という状況下になると「こうなったら、もう店長を連れてきたほうが早い」と判断し、何かあると当時の店長に頼りっぱなしの仕事が続きました。

私には、経験もなければ、スキルもありません。

そんな姿を見た先輩たちからは「プライドはないと？」とか「自分で早く商談できるようになって決めたいという気持ちはないと？」などと皮肉を言われたものですが、私は「売れたらいいじゃないですか！」と若気の至りもあって、心の中でとんがっていました。

私は最短で1番になりたいし、1台でも多くの車を売って早くNo.1になりたい。私には時間がない。急がないと営業から外されてしまう。

私が1年目の女性営業の新人でしどろもどろになりながら、「これが目いっぱいです」と値引き（条件）を伝えるよりも、店長に条件だけ出していただいて道が見えたら自分で動く……そういう判断というか、そこの取捨選択はパッパと的確に動けていたように思います。

私が1人でやるよりも店長に出ていただいたほうが早いと思えたら、すぐに頼る。今、自分自身が店長になってみても、あの当時、店長を頼った自分の選択は間違っていなかったと思えます。

ところが、入社2〜3年目になったらもう、それじゃおかしいですからね。何年も経験を積んでいるうえで店長を連れてきたら、逆にお客様にとってマイナスに見える（不安に思わせる）からやめておこう、と。

今だと営業経験も、もうベテランの域なので、逆に1分1秒でも早く信用されるような商談の努力はしています。この人に任せていたら間違いないなと思っていただかなければならない。美しい商談というか、女性であるところのチャーミングさや可愛らしさなどの良いところを生かしながら、無駄もなく、的確でテンポの良い商談をしようと心がけています。

今では女性であるからこそ目立ちやすいし、その結果、いっぱい得もしてきたので女性で良かったと心から思います。良いところと悪いところは表裏一体なので、それをチャンスととらえるかどうか次第。今はそもそも性別に関しては何とも思っていません。

「車売りの神様」と出会えた日

営業の仕事は売らないと生きていけません。もちろん、認められもしません。ましてや「1番になりたい！」と公言していた私ですから、一歩も後には引けない状態でした。

「あの人、去年はトップ10に入ってたのに、今は何番におる？　この人、格好悪いなぁ」

そんな声を先輩営業スタッフから聞いたとき、自分は絶対にそんなこと言われたくない、と強く思いました。私も、本当にそれは格好悪いと感じます。その場だけ1等賞なんて、その場の瞬発力と一瞬の気合のような頑張りがあれば、1か月だけミラクルを起こす……20～30台の車を販売することは、できなくもない。

しかし、12か月連続で毎月10台以上を売り続けるほうが難しいことは想像できると思います。**本物のトップセールスは、それができます。**自分の営業力の波がなく、心の揺れ幅もほとんどが均一。

そうなれば、心が楽しめる領域にまで入ってしまいます。もちろん、日々の業務では大変なことも山ほどあります。しんどいときだってある。しかし、**自分の心が満足する＝それを楽しむ領域**が見えているので、楽しむことができるのです。

1分1秒をどうやって過ごせば良いのかがわかってきて、目標意識もしっかりイメージできる。私の場合は入社して数年後ですが、

「仕事は、生きることと同義なんだ」


と思えるようになりました。それは、車を売るという一本のことに集中できる環境のおかげもあったでしょう。良い仲間がいる、ライバルと呼ぶにふさわしい尊敬する先輩たちもいる――そんな職場が常に私を成長させてくれました。

そんななかでも、初めて配属された店舗の当時の店長（浅野博さん）は、右も左もわからなかった私に、No．1を目指すための後押しや車の売り方を丁寧に、そして熱く教えてくれました。


「とにかく売りい。売れるための努力をしい。そして販売しよる〝今〟を大切にせ

なよ。それからね……」

私は、浅野店長が話してくれた次のことが、今でもずっと心に残っています。まだ駆け出しの頃も、年々販売実績を上げていったときも、トップセールスと呼ばれるようになったときも、そして最年少で店長に昇進してからも、ずっとそのことは忘れていません。

「木原、いいか。〝車売りの神様〟がおって、もう絶対に努力をしよったら見とってくれるし、応援してくれる。するとね、奇跡が起こるとよ」

浅野店長が教えてくれたように、やっぱり「うわー！」と思えるような、注文書の用紙をプリンターに差す手が震えて止まらなくなってしまうような受注をいただくことがありました（Ｐ21に書いたような事例も）。

以前は社内で３か月に１回「コンテスト旅行」という制度がありました。成績の上位者だけが行ける旅行で、私は配属された最初の12月から参加できていたのです。

店長になって営業生活を終えるまでの実に9年間、すべての旅行に参加できていました。

あれは2016年の鹿児島旅行のときだったと記憶しています。

明らかに入賞者が10人前後、対象者だけでも全社で80人くらいいて。2か月目の終わりに、私は60番目くらいだったので、かなり雲行きが怪しくなりました。

「いくら木原でも、ちょっと今回は難しいかもしれんね？」

尊敬する先輩スタッフからも〝無理〟と言われ、

「あきらめて車を売るのはやめて、保険をとったら？」

私はその時期、スランプに陥《おちい》っていたので、商談時の表情や言動に焦りが出ていました。それを先輩たちは見抜いていて、「気持ちを切り替えるために、あえて私の得意な保険をとったら？」と言われたのです。

すごく嫌な気持ちになって、「嫌です。車を売りたいです！」なんて私も反発していましたが、浅野店長だけが「無理」とは言わなかったのです。

私の後ろにいらっしゃるのが浅野店長（当時）です。私が心から尊敬している師匠です。トップセールスの私の根幹に流れているのは、浅野さんからの教えが大きいです。

それどころか笑顔で、

「木原、大丈夫。自分を信じりぃ。やれる。売れる。旅行に行けると思ったら行ける。車売りの神様は、ちゃんと見とるけん」

すると、本当に奇跡は起きました。何と翌月の7月、1か月で10台以上の車が売れたのです！　今の実力でこそ10台は普通ですが、まだ入社2〜3年目の駆け出しだったので、まさしくミラクルとしか表現できません。

私に〝無理〟と言った先輩たちは、みんなびっくりしていましたが、浅野店長だけが笑っていました。そのときのことは今でも何かの折の語り草にしてくださっています。営業スタッフみんなの尻を叩けたよりも、みんなが忘れかけていた勇気を木原は与えられたんじゃないか、と。

車売りの神様は、きっといてくれると私も思っています。

まだ若かった頃のエピソードですが、遅い時間まで仕事をしていて、どうしても新規のお客様にご来場いただきたい私は、夜遅くまで「どうか来てください」と祈るような気持ちで、チラシをポスティングして回ることがよくありました。

すると次の日、ポスティングをやったエリアからではありませんでしたが、ふらっと新規でいらしたお客様が車を購入してくださったことがよくありました。出勤したらすぐトイレ掃除を率先してやったり、自分のなかの願掛《がんか》けとして土日は〝勝負シャツ〟を着たり。それは、ほんの小さなきっかけですが、やっぱり大切なのは、

「自分はできる。これだけ努力したから大丈夫。やればできる」

と自信をもつことだと思います。やることをしっかりやっていれば、あとはお任せの気持ちでもいい。人に負けない努力をしたからおのずと自信がつき、運を引き寄せる。そして笑顔で次の仕事をやる。その繰り返しです。車売りの神様は、きっとそのすべてを見ています。

ひたすら頑張って、努力している人の汗を、絶対に見てくださっていると私は思っています。

人とのご縁は一期一会。
その瞬間が大切なことは言うまでもありません。
しかし私は、「点」の出会いを
「面」にできるよう
いつもお客様と一緒に
歩いていきたいと思っています。
そんな私が大切にしていることは？
今でもずっと忘れていない
気持ちを書きました。

〝商談〟で大切にしていることは何か？

私は、商談って**〝エンターテインメント〟**だと考えています。楽しくないといけませんし、美しくなきゃいけません。ノリとリズムも大切です。お客様に、大きなテーマパークで楽しんでいただきながら魔法をかける……じゃないですけれど、私が女優となってお客様が主役の**「木原劇場」**で最高のパフォーマンスを味わっていただきたいと考えています。

だからこそ、ストーリー（物語）をちゃんと明確に描いておく必要があります。事前準備がいちばん大事です。もちろん、お付き合いの長いお客様と新規のお客様とでは、当然ですが準備の内容は違います。

自身のお客様なら、車の簡易査定をやっておいたり、前にご購入いただいたときの明細ないしは残債《ざんさい》を調べておいたり。現場でインスピレーションが作動し、商談がもたつかないように、イメージを膨らませておきます。

トヨタには、おおよそ40種類の車種がありますから、この方にはどれをおすすめしようとかを考えながら、**お客様と歩いていく道のストーリー**をイメージするのです。

私は、けっこう細々したことまで準備をして、ある意味ゴールを決めてから商談をすることが多いです。まったくの新規のお客様ならば一つひとつ要点を確認しながら素早く向かっていく方向性を決めていきます。行き当たりばったりだったり、行き先がわからなくなったりするような商談は、そもそも絶対にしません。

私が見えていない、あるいはわかっていないと、お客様と私の2人共が迷子になってしまうでしょう。

1秒でも早く私がゴールを見つけて、お客様をそこにスッとお連れします。

念願のNo.1となった2020年。私が担当させていただくお客様は1000人を超えていました。でも、私からすれば1000人のうちの1人ですが、お客様からすれば**〝木原万里佳〟たったの1人**しかいないわけです。

だからこそ、1000人全員をいっぺんに対応することはできないけれど、お客様には1対1だと思っていただく接客をします。

では、一体どうやって、全国のディーラー営業マンの平均が年間50～60台の車を販売するなかで、私がその3倍の150台以上を販売することができたのか？　どうやって1000人もの顧客を管理しながら結果を出し続けられてきたのか？

私なりにやってきたことをお伝えしたいと思います。

「えっ？　そんなことなの？」

そう思われる内容もあるかもしれません。もしも「木原のやり方は有効だ！」と少しでも思った方がいらしたら、どうぞご自分のやり方に取り入れてみてください。実践してみると改良点も出てくるかもしれません。

そんなときは自分流にアレンジしてみてはいかがでしょうか。

私がお客様に対して大切にしている5つのこと

私は、正直自分ができないことに時間を割いたり、無理をしたりするのが苦手です。それよりも、自分が得意とすることを伸ばしたほうが絶対にいいと思っています。要は、そのパフォーマンスが3年後、5年後、自身の顧客数が増えたあとにも継続して行えて、かつ自分に合っているかどうかを大事にしているのです。

当たり前のことですが、人間は誰もが違った性格をしていて、誰もが得意・不得意なものを抱えながら生きています。なので、同じ方法が有効な場合もありますし、もちろん、その逆の場合もあるのです。

ですから、できないことに目を向けるのではなく、**自分のいいところを伸ばそう**としたほうが、余計にいいパフォーマンスが発揮できると信じています。

私が伸ばしているいい自分のいいところは次の5つです

覚えること

私は昔から**「記憶力」**には自信がありました。

単純に売れ筋のグレードや、売れ筋のオプション、それをどうやってすすめるのか、それぞれの良い点や優れた部分、逆にデメリットはどの車種にもあるので、その辺りはほとんどすべて頭のなかにインプットしていました。

ただし、それはトップセールスを目指す人なら、当たり前に必要なことだと思います。私がそのこと以外に長《た》けている点があるとするなら、お客様のこと、です。会話をした内容はもちろんのこと、例えば、ご家族の名前の漢字――配偶者の方だったり、お子様のことだったり。お客様と商談を重ねていくなかで、そういった情報はストーリーを紡ぐうえでも最も大事な情報です。

それをもとに、会うたびにお客様とは世間話だけでなく、必ず「車」の話をすることを心がけていました。

1000人のお客様がいれば、そのほとんどの方々と私はお会いしているので、できるかぎり記録しながら覚えることにしました。これは、無理に暗記するとかではなく、ただ単に私が得意だったからかもしれません。

余談ですが、私が幼少期に通っていた保育園が、「脳教育」に力を入れていたところだったので、よく国旗の絵が描かれたカードをフラッシュで見せられたり、文武両道の考え方が盛んだった保育園らしく、鉄棒の逆上がりなども、仮に男の子が16回できたなら私は23回もできて、ちょっと優越感にひたれたりだとか。そういうことに力を注いでくれていたんですね。

そんなかいあってか、中学生になった最初の社会科のテストで、「50か国の世界地図を覚えなさい」という課題に、調子にのって152か国もの名前を書いて驚かれた思い出があります。ちょっとした華々しい中学デビューでした(笑)。

記憶することが好きで、そんな得意な才能がひとつのことにグッとのめり込むという私の性格の背骨になったような気がします。とにかくお客様の名前やご購入いただいた車のナンバーなども、けっこう覚えていました。特に、お客様からの希望で申請したナンバーにかぎっては、ほぼ全部が言えるくらいです。

気になることは声に出して何でも聞きました。普通の営業担当なら聞かないようなーー何が好きなのかとか、興味があることとか、お仕事や私生活のことをさらにディープに突っ込んで、聞きたいと思ったことは声にしてお聞きし、それが私のなかの〝情報ストック〟の箱に仕舞われていくイメージです。

まずは、**お客様のことを知って覚えること。そして私のことも知っていただくこと。**

私にとっては基本的なことですが、それが次からご紹介する「距離感」や「信頼関係」にもしっかりつながっていきました。

お客様との距離感

私がすごく目標にしていたのは、例えば、お客様がお帰りになるときのお見送りです。このとき、お客様のほうから手を振られて、私も自然と手を振りかえせるような関係に憧れましたし、それができるトップセールスになりたいと思いました。

自分が手を振ったから向こうも振り返すのではなく、お客様ご本人から自発的に(向こうから)振ってくださるのがポイントです。おそらく自分が振れば、相手も振り返す可能性は高いけれど、もう一歩、上のレベルで、**あくまで「向こうから」**

が目標でした。そして、できるだけすべてのお客様と、そのような距離感が保てる関係性になれることが私の希望でした。

こちらがお辞儀をして、向こうも軽く会釈してくださることは一般的ですよね。でもお辞儀よりも、やっぱり相手から笑顔で手をブンブン振ってくれるような関係がいい。そこまでの関係性が築けたら、多分ずっと私と関わっていただけると思うのです。新宮古賀店、木原のお客様でいてくださると思うのです。

私もまだまだ未熟なところ、学ぶべきところがいっぱいあるので、何かミスをしたり、ご迷惑をおかけしたりすることもあります。ミスをしたときに許していただきやすいから……などと、そのような理由からではありません。

担当させていただくお客様の数が、300人から500人、800人から1000人になったとき、皆さんと接することができる時間が物理的に減るので、できるかぎり仲がいい関係性が築けて愛されるトップセールスを目指さないといけないと危機感を覚えました。そのためにも「距離感」はとても大切だと感じたのです。

「メンテナンスパック」というサービスに入っていただいたお客様とは、必ず半年に1回はお会いできる機会をいただけます。そのときに、どんな情報を自分がもっていて、どんな会話ができて、さらにどんな関係性を築けるのかは、やっぱり自分が何を**〝覚えている〟**のか、**どんな〝言葉〟をもって接することができるのか**にかかっています。

また、そのときお互いに手を振り合える関係であるのかどうかが、次の仕事にもつながっていくと確信しています。そのための方法なんて、きっとひとつではないでしょうし、お客様の数だけ手段もあるはずです。

上司や先輩から担当を引き継いだときなど、どうしても前任者との関係性があるので、うまくいく場合も、うまく行かない場合もあります。人間同士なので当然、好き嫌いは生じますし、どんなに頑張っても気に入っていただけないときだってあります。そんなときも簡単にあきらめたりはしませんが、まずは私自身が大切にしているスタンスや、やり方をご説明することにしています。

まだ担当させていただくお客様の数が200〜300人の頃は、時々ご挨拶がてら、ご自宅を訪問したり、お客様のところでご飯をご馳走になったり、それくらいの余裕はありました。

そろそろ車をおすすめしようと、見積書をカバンに入れてもっていき、「こんにちは、福岡トヨタの木原です！」と、そこから受注をいただくことになることもありました。駆け出しの頃だったからこそ味わえた体験です。

今はこちらから訪問することも少なく、ご来店いただいてお客様のお時間をちょうだいすることがスタイルになっていますが、そんなときこそ距離感と関係性を第一に対応させていただくことにしています。

モチベーション

何度も書きましたが、たった1か月間だけ努力をして、一瞬1番になることは難しくありません。気合を入れて、頭も使えば、そのぶんだけ1番になれる道は近づくはず。もちろん、ある程度の時間は要しますが、根性論を持ち出せば不可能ではないでしょう。

きっと、どこの業界のトップセールスの方も一緒だと思いますが、百発百中、いつも売れている印象をもたれがちです。何をやっても簡単に売れる、すごいなぁ、と。私には全国に数名、トップセールス仲間がいますが、みんな違います。100発以上にめちゃくちゃ断られていて、決して戦いではありませんが、2敗戦、3敗戦なんて当たり前。5回敗れたうえでやっと成約できた！　なんて商談も珍しくありません。結局やっていることは、いたって単純で、そしてかなり泥臭い。

いろいろなお客様と出会い、お話を重ねながら商談を進めます。もちろん、新規でも1回で決めてくださるお客様は多いです（ほとんどです）。馴染みのあるお客様から提案通りにご購入いただき、心からの感謝が湧いてくることもあったり。

そうやって様々な出会いの場面を体験させていただきながら、それでもブレることなくトップセールスのモチベーションを維持するのって、並大抵の精神力と努力では務まらないと私は思います。

今回は商談が決まらなくても、後々のお付き合いのなかでパッと決まる場合もある……。もしかしたら2～3か月後にご連絡が来るかもしれない。そういうときでも、すぐお客様のために動けるかどうかも、**日頃からの自分のモチベーションをあるラインで一定に維持しておかないとできない**ことです。

私もそうですが、プライベートな時間を使って定期的にスポーツジムに通ったり、1人で車を走らせながら、ちょっと遠方にある温泉宿を訪ねたり、そしてたまには他県にいるいろいろな異業種のトップセールスに会いに行ったり。

私だけでなく、同じような道を歩いているからこそ共有し合える悩み、辛《つら》さ、喜び、楽しみがあります。今の時代でしたらLINEやメールで相談することもできますから、とても便利でありがたいです。

私のような仕事でいちばんいけないと思うのは、**自分の経験値からくる「決めつけ」**だと思います。長く働けば働くほど、勝手な経験の積み重ねから良くない勘を働かせたくなります。自分のモチベーションを維持するために、そういった勘を使って無難に乗り越えようとする自分が頭を出してくる……。

「この方は買うかも」「この方は買わないかも」だなんて、私は超能力者じゃあるまいし、わからないのです。そういう固定観念を一切捨てて、すべての方に車をおすすめする。それをただひたすらにぬかりなく続けていく。

自分が売りたい車だけを一方的にすすめるなんて、やってはいけないことだと思うのです。どうしても、どこかで押し付け的になってしまいますし、お客様も意図に気づき、成約率だって決していい結果にはならない気がします。

そうなると、やっぱり先に書いたお客様ごとの情報をできるかぎり把握して、本当にその方に必要な車種や買い方、保険などを提供できる私でありたいですし、きちんと適切な距離感を保ちながら**「あなただけの木原万里佳」、そして「あなたにとっての最適な提案」**というスタンスは大切にしたいのです。

日々のモチベーションって、決して自分自身がリフレッシュすることだけで得られるものではないでしょう。やっぱりお客様との関係性において維持できる側面もありますし、所属している会社側が提示してくれる報酬や待遇にも、当然、関連していくことです。

ただし、何が関係しながらモチベーションが保たれるかも、人それぞれだとは思いますが、根幹に、

「何のために私はこれをやり続けるのか？」

私はそれがいちばんでした。

それがしっかり明確にないと、気持ちを維持することは難しいでしょう。それがあることで心がブレて結果に波が生じることもないですし、心が折れて仕事を休むなんてこともないと私は思っています。

◎お客様との関係性（情報収集と対応力）
◎自分自身のメンタルケア（リフレッシュ発想）
◎自分を成長させるための向上心（高みを目指す好奇心）
◎「何のために」トップセールスでいたいのか（目的意識）

この4つが、私のモチベーションを維持してくれていると思います。

信頼関係

営業になって間もない頃は、とにかく自分の知識のなさ、経験の乏《とぼ》しさをカバーするために、やたらと「元気」「笑顔」「ハッラツ感」といった若さで埋めようと必死でした。まだ自分が頼りないので当時の店長の凄《すご》さを伝えたり、すぐ店長決済に頼ったり……。

ところが3〜4年経った頃は、いかに自分を信頼していただけるかの工夫をするようになって、お客様の数も増えていきました。ひと通り学ぶことは学んで、あとは実践。これまで書いてきたような自分が大切にすることを明確にし、とにかく「私」を覚えていただくために、わざと〝**方言**〟を使ったりもしました。

私たちのお店は郊外の店舗で、お客様の年齢層が比較的高いのが特徴のひとつです。なので、どうやったら仲良くなれるのか、インパクトや印象を与えられるのか。

けっこう私とお客様とでは年齢差もあります。そのとき思ったのが、親近感をもっていただくための〝方言〟でした。

私は生まれも育ちも〝博多っ子〟（博多弁）なので、その場所独特の話し方ができます。父方は筑後地方（筑後弁）、母は北九州（北九弁）の生まれなので、そのイントネーションにも慣れていましたので、ハイブリッドタイプでいろいろな方言が混ざったような話し方ができるのです。お客様は違和感を覚えて、

「木原さんは、一体福岡のどこの生まれ？」

などとおもしろがってくださる年配のお客様も多く、方言の話で弾むこともしばしば。入社した頃は、さほど濃くなかった博多弁をあえてかなり強くしたのにもそのような理由があってのことです。

「あんたおもしろいね～。若いのに方言が強くて」

こういう何気ない会話を積み重ねることで信頼関係の絆《きずな》は芽生えていきます。

人を信頼することって、自分の気持ち次第なので簡単ですが、人から信頼されるのはとても難しいことです。反対に、一度築いた信頼関係が壊れるのは一瞬だった

りすることも仕事から学んだので注意を払います。

お客様との信頼関係には、ものすごく気を配りますし、いちばん大切にしていることでもありますが、私なりにトップセールスとして心掛けているのは、できれば**「家族」のような関係性**から信頼を紡いでいく考え方です。

「家族」って、仲がいいときもあれば、意見が合わなくて気持ちがすれ違うときもあります。でも、最終的には、

「まぁ、家族だから仕方ないか……」

と仲直りができる。

できればお客様ともそのような信頼関係が築ければ、と思うのです。

決していつも仲良しな状態じゃない。私は元々が、ズボラでおっちょこちょいで、抜けている性格もあって、本来なら営業には不向きな人間だと自分でも思うことがあります。実は気もきかなかったり、フレンドリーさが仇《あだ》となったりすることだってあります。身内のスタッフやお客様ご本人から怒られることも……。

そんな私だから当然、ミスをすることもいっぱいありますが、

「まぁ、木原さんやけん、よかよ」

と最終的に笑って許していただけるような関係性でありたいと思っています。

誤解のないように。許していただけることに甘えるような発想ではありません。

それくらい何でも話せるような間柄――私は昔から、どちらかと言えば〝言われやすい性格〟ですので、もっと気楽に、もっと思ったことを言っていただきたい。

「これを木原さんにされて嫌やった」

「これを木原さんに言われて嫌やった」

「木原さん、ちょっと太ったっちゃない？」

「今日の髪型、似合っとうね（似合わんね）」

私がトップセールスと言われるようになってからは、

「ちょっと最近、調子にのっとらん？　前より相手にしてくれんくなったね」

なんて平気で言われることもあります。忙しさに慌ただしくしている私を見ての、
愛のムチだととらえています。

言いたいことを言われて、私も言いたいことを言いながら、謝っては許していただき、でも結局、ずっとつながっていられるお客様……。こういう関係性は「お客様と営業」というよりは、ほんの少し「家族」のような感じではないかなと思うのです。「お客様は神様です」という感覚ではなく、気兼ねなく、何でもストレートに互いに言い合いながらお付き合いをさせていただく。

「ダメなものはダメ」

そうお互いが頼ったり、頼られたりの関係を意識しています。

たわいもない話もたくさんします。恋バナだったり、仕事や趣味のお話だったり、「今度、旅行で関東に行くのでレンタカー屋さんを予約してほしい」「ワクチンの予約の仕方がわからんけん、一緒にしてほしい」なんていう頼まれごとも嬉しいものです。

私は12月が自分の誕生月なので、勝手に「生誕祭」と称して、いろいろな人に「誕生日プレゼント（車の受注）くださいよ」などと冗談半分で言うのですが、けっこういろいろなものをプレゼントしていただきます。手づくりのお野菜だったり、飾りものだったり、お花だったり。

あまりにもたくさんの人に言いふらしていたので、

「誕生日おめでとう」

「えっ？　どうして知っとんしゃーとですか？」

「あんた毎年、この月になると『誕生日やけん、買《こ》うてください』って言いよろうが。やけん今日は車ばこうちゃーたい」

お客様から言っていただくこともあります。世間一般的に12月は車が売りにくい月と言われていますが、私は入社してから誕生月の12月は受注台数を落としたことはありません。もう毎年、感謝しかありませんよね。

あなたのことが好きです

私がお客様に対して大切にしている最後は**「好きです」**の気持ちです。

車売りの仕事は、例えるなら**〝コンサルタント業務〟**だと思います。お客様にとって何がいちばん大切なのかを常に考えます。私が「車」を販売するのではなく、お客様に安心して、喜んで納得してご購入いただく流れが肝心。そのためにも、やっぱり先に挙げた4つのことが大きな軸となります。

「覚えること」
「お客様との距離感」
「モチベーション」
「信頼関係」

それらがあるからこそ、お客様のことを考えて、様々なご提案ができるのだと思います。私なりのトップセールスたる条件みたいなものになりますが、最後にもうひとつ、とっておきに大事なことがあります。それが、

「あなたのことが好きです」

という気持ちです。これは、まるで恋愛感情に似ていると私は考えていて、「好

きだと思い込む」気持ちで接することをいつも心に置いています。

人から好感をもたれて嫌な気持ちになる人はいませんよね？

どちらかと言えば、自分のことを好いてくれる人のことを好きだと感じる人は多いと思います。１００パーセント、その人を愛して受け入れることなどできないでしょう（逆も然り）。せめてこちらからは嫌いだと思わない努力と、

「どうやったらこの人を好きになれて、向こうからも好きになっていただけるんだろうか？　どうすれば、わかり合えるんだろう？」

自分が苦手だと感じて、接しなくすることは簡単です。でも、私の経験からすれば、そうやって避けていても、避ければ避けるほど関係は悪化する。

おもしろいもので、生きていたらまた似たようなタイプの人が必ず現れるんですよね。だったら、どうやって少しでもより良い関係性が築けるのか、考えてはトライ&エラーを繰り返しています。

ただし、前提条件として心の中にもっていたいのは、

「あなたのことが好きです」

その気持ちですが、でも本音は、「すべての人には愛されない」ということ。

人間には絶対に〝合う・合わない〟があるもの。私も営業時代に1000人以上のお客様がいても、どうしてもウマが合わない人はいました。できるかぎり最低限「お客様と営業マンの関係性」は築くようにはしますし、会って接するときは大好きだ、と思って接しています。

それでも、どうしても嫌われているのがわかる雰囲気になったときは、あまりそこに執着せず、100パーセントは難しい、ある程度は仕方ないと気持ちを切り替えます。

「私は営業担当者として、できるかぎりのことはやらせていただきます」

真摯《しんし》な姿勢でプロとしての矜持《きょうじ》をもちながら、スパッと言い切って導く姿勢を貫きますが、でもやっぱり愛したいですし、愛されたいのが本音です。そういう関係性ができれば、会話や接客の時間もお互いにもっと楽しくできるはずです。

コラム：感動で忘れられない初めての体験

自分の初めての本を出版するなかで、どうしてもこの体験は書いておきたいと思いました。私が初めて営業職に就いて、初めて車をご購入いただいたときのお話。

きっと生涯、自分がこれからどのような人生を歩いていこうとも、この体験は一生忘れませんし、私の原体験として、いつも心に置いておきたいことなのです。どんなセールスのお仕事をされている方でも、初めて自分が接して、自分のお客様となっていただいた人のことは忘れないものだと思います。いいえ、決して忘れてはならないことだと、私は今でも初心に帰るときの体験として、心の大切な引き出しに仕舞ってあります。

「来週あなたから買うことになるよ」

新入社員として、「古賀店」（当時）に配属が決まったのは2013年の7月。配属後に初めて迎えた最初の土日に来られたのがIさんでした。緊張が隠せないまま初めて新規で対応したお客様。先輩にも商談に付いてもらい話を進めました。

当日は成約にならず、翌週の土日で再び商談の約束ができた私に、Iさんが帰り際にコソッとつぶやいた言葉、

「多分、来週あなたから買うことになると思う」

私はお客様がお帰りになられたあと、嬉々《きき》とした笑顔でそのことを店長に伝えました。ところが、ホクホクとしている私とは裏腹に店長は真顔で、

「木原、お客様のそういうひと言を信用したらいかんよ」

と言われたのは、今でも忘れられないくらいに覚えています。

「お客様が、いくらその場でそう言っても、本当に買っていただけるかはわからんよ。次のアポまでの1週間のあいだに、お客様の心境が変化する場合はよくある。購入に横槍《よこやり》が入るかもしれない。他のディーラーに行くかもしれん。車を探しよることを周囲に伝えて、お知り合いがディーラーを紹介するよ！ みたいな

ことにもなりかねんけんね。商談とは、とてもシビアで時間が空けば空くほどリスクは増えるものなんよ」

今なら店長が言ってくれたことが痛いほど理解できますが、当時の私はその言葉が納得いかず、ショックと驚きが隠せませんでした。

「え――っ！　買うって言ってくれたもん！」

その顔は、きっと目が点になって、びっくりしていたと思います。


そもそも車のことなんて、まったく知らなかった当時の私（今でもメカ的な知識はあまり進歩していませんが）。「ボンネット」という言葉すらちんぷんかんぷんないくらいで、もちろん開け方さえわかりません。

ーさんが購入を検討されていた「86（ハチロク）」というゴリゴリのスポーツカーのこともあまりよくわからなかったので、とりあえず来週の土日に来社してくださることを信じながら、当日はお礼のお手紙をポストに入れに行き、自宅で勉強してノートにまとめることにしました。

帰り際にお客様から「来週までに勉強しておきいね」と言われていたからです。例えば、競合になり得る他社の同じジャンルの車種を調べたり、「86」そのもののことをネットで調べて勉強したりを続けたのです。

「**DOHC（ダブル・オーバー・ヘッドカム・シャフト）**」という言葉も、そのとき初めて知ったくらいで、自分なりに読み込みながら理解しようとしましたが、説明を読んでもやっぱりよくわからない。試行錯誤しながらも、何とか付け焼き刃の勉強で週末を迎えました。

初めての成約決定からお客様とのご縁が始まる

約束通り来てくださったIさんを先輩と2人でお出迎えし、さっそく試乗していただくことに。ちょうどお客様と年齢の近い先輩も援軍として商談に参加。

「いつか僕もセカンドカーとして『86』がほしいんですよね」

さすが先輩の経験と思いで和気藹々《わきあいあい》とした雰囲気になり、Iさんも喜びながら盛り上がった車内で喜んでおられました。先輩の話ぶりに感動しながらも、当たり前ですが新人の自分の未熟さに、車中ではまるで空気のような存在になっていた私がいました。

そんな不安ドキドキの私に、試乗を終えたIさんが訊《たず》ねてきました。

「木原さん、ちゃんと1週間で勉強してきた？」

「えっ？　は、はい！」

どんな質問が来るのか、ものすごく怖くなってドキドキな私でしたが、Iさんの口から出てきた次の言葉に私はびっくりしました。

「DOHCってわかる？」

おおおおっ、まさしく私が調べたヤツだ！　満面の笑みと大きな声で、

「ダブル・オーバー・ヘッドカム・シャフト！」

得意げに答えたことは言うまでもありません（DOHCと言われた瞬間、ゾクっとしました）。

「おーーっ、ちゃんと勉強してきとるやん」

Iさんも笑顔で喜んでくださり、そして先輩の美しいクロージングにも助けられながら、無事に1台目の車の成約が決まったのでした。その一幕に浅野店長も大喜びしてくださり、事前に調べて勉強したノートを見て、準備の大切さを褒《ほ》めていただけました。あのときの感動と喜び……。二度と同じ気持ちは味わえないでしょう。

それからIさんは、クラウンマジェスタ、レクサスRC、奥様のC-HR、スープラと、息子さんをご紹介いただきプラドと、なんと5台もご購入いただいて、今でも大切なお客様の1人として側《そば》にいてくださいます。ご本人に会うたびに、「いや～木原さん。1号車のお客様、ほんとに良い人をつかまえたね（笑）」笑いながら言っていただけています。

素敵な出会い、素敵なつながりに心から感謝すると共に、そこから計り知れない学びと自分の成長をいただけていることに私は誇りをもっています。

【第1章のまとめ】

◎「話すこと＝言葉にすること」は最も大切なスキル

◎言葉を大切にすることと同じくらい〝聴くこと〟も大切

◎「車売りの神様」がいることを信じて自分ができることをやる

◎商談は〝エンターテインメント〟でありノリとリズムが大事である

◎「覚えること」でお客様のことを知ること

◎「距離感」を意識しながらお客様のことを考えること

◎「モチベーション」を保つための努力を怠らないこと

◎まるで家族のような「信頼関係」を築くこと

◎「あなたのことが好きです」と言える気持ちを大切にすること

第2章

あきらめない「仕事術」

お客様の存在あって成り立つ
「営業」という仕事。
しかし最も大切なことは、自分自身が
どれだけ自分を高められるか……だと思います。
きっとどのジャンルの仕事においても
トップセールスのポジションを維持する人は
いつも〝自分のこと〟を
見つめている人だと思います。

どこまで自分を高められるかで仕事は決まる

これは私が入社してから店長になるまでの主な営業時代に残せた数字です。

◇2013年12月　単月受注コンテスト入賞
◇2015年　営業成績30位（約200人中）新人賞を獲得【車の販売台数72台】
◇2016年　営業成績22位【車の販売台数72台】
◇2017年　営業成績　総合優秀賞（トップ10）4位【車の販売台数110台】
◇2018年　営業成績　総合優秀賞（トップ10）5位【車の販売台数111台】
◇2019年　営業成績　総合優秀賞（トップ10）5位【車の販売台数124台】
◇2020年　営業成績　総合優秀賞（トップ10）2位【車の販売台数141台】
◇2021年　営業成績　総合優秀賞（トップ10）1位【車の販売台数169台】
◇2022年　営業成績　総合優秀賞（トップ10）1位【車の販売台数170台】

福岡トヨタの**「販売実績年間総合優秀賞」**つまり、その年のＮｏ．１セールスは、決して車の販売台数だけで決まるものではありません。新車の販売台数はもちろんのこと、お客様の購入方法（現金／割賦／ＫＩＮＴＯ他）、保険、車検等の獲得件数など、定められた数十項目のポイントの総計によって選ばれます。

営業職の人間は、それぞれが個性的で仕事のスタイルも十人十色。全員が独自のやり方をもっていて、「これが正解」というものはありません。

まだ新入社員で駆け出しだった頃は、私自身も自分のスタイルが確立できていなかったので、まだ何色にも染まっていません。そういう目線で上司や先輩のやり方を学ばせていただくと、

「どうして、あの人は、こういう場面でこんな行動を取ったんだろう？」

「どうして、あの人は、こういう場面でこんなことを言ったのか？」

すべてがわからないことだらけで、ただただ上司や先輩の動き、お客様の反応、言われたことに対して、何を、どんな言葉で応えるのか？　最初はちんぷんかんぷんでしたが、次第に私なりのリズムをつかんでいきました。

やっとの瞬間です！　2021年、初めてNo.1になった際の表彰式。このとき会場に流れるBGMは、必ず服部克久さんの「虹Arc en Ciel」という曲。1年でこの瞬間にしかかからないので、携帯にダウンロードして、毎年の総合表彰最後の月は、移動時に車内で聴いていました（エンドレスで）。この一瞬のために残りの364日は存在していたのです。

そこで意識したのは、「どれだけ先輩の良いところを盗めるか」。ただ良いところだったとしても自分の性格には合っていなさそうなものは捨てて、あくまで自分にもできそうなもの、自分に合っていそうなやり方だけを盗みました。

現在の自分、そして、きっともっと忙しくなるであろう〝未来の自分〟にも継続して続けられそうなやり方を、入社当初から模索していました。ただ、自分の強みは**「元気と笑顔と根性、そして攻めの気持ち」**だとは、それまでのアルバイトなどの経験から感じ取っていたので、兎《と》にも角にも、そのスタンスで最初から突っ走ってきたように感じます。

トップセールスという以前に、そもそも**「いい営業マン」「愛される営業マン」**とは、一体どのような人たちのことを言うのでしょうか？

私なりの経験から見えてきたのは次のような特徴を兼ね備えた人たちでした。決して結果の数字だけからは見えてこない、人間性がポイントになると思います。

◎愛嬌《あいきょう》がある（笑顔が素敵でハキハキしている）

◎応援したくなる（いつも一生懸命である）
◎親身な対応をしてくれる（顧客を第一に考えている姿勢＋テキパキとすぐ動く）
◎親しみやすい（安心感と信頼感）

〝モノを販売すること〟が営業職のいちばんの役割ですが、それ以前に大事なことがあると私は思うのです。それは、先にも書きましたが、お客様から見た**〝間違いのない人〟**ということです。では、間違いがないってどういうことでしょうか？

□約束を守る（責任感と信頼感）
□すぐに動く（対応力の速さと確実性）
□言われたことを忘れない（お客様との距離感）

右に挙げた3つを総合すると、次のひと言に尽きるでしょう。

「決して適当なことを言わない人」

これって、何も営業職の仕事にかぎったことではないと思います。「適当なことを言わない」って、けっこう難しいことです。例えば、車売りでいうと「納期」をよく聞かれます。「急いでくれ」とちょっと強面なお客様に言われたとき、つい「○か月くらいだと思います」とか、あくまで予測で言ってしまう人は多いと思います。

でも、それって〝守り〟ではなく、〝適当〟な人なんです。その発言には「責任感」が伴っていない。本当に〝守り〟の強い人は、

「ご納期をお待たせして申し訳ありません。1日でも早くご納車できるよう努めます。ただ、現状では納期はきちんとわかりません」

そう伝えられる人です。それが「適当なことを言わない人」なのです。真のトップセールスは死ぬほど攻めが上手で、死ぬほど守りが上手な人なのです。

人として、とても当たり前のこと。「約束を守らない」「すぐには動かない」「言ったことをすぐに忘れる」。こういう人からモノを買いたいとは思わないですよね。

それ以前に、人として付き合うことさえ躊躇《ちゅうちょ》してしまうのが普通でしょう。

「約束したことを確実に忘れないで、すぐに動く」

お客様はこれをいちばん見ています。そして、そのことに対しての**レスポンスの速さが〝信頼〟へとつながる**ことを知っています。

例えば、私が商談をしている最中の、とても大事な局面で4件の電話が入ったとします。本来ならば、その場から離れたくないような事態でも、私は正直に目の前のお客様に事情を告げて、その4件に対応するときがあります（あくまでも状況によりますが）。ちなみに、かかってきた4件は、このような内容でした。

①商談の予約を入れたい
②車のキーの電池を変えたい
③事故を起こしてしまった
④定期点検の予約がしたい

私自身のなかでもいろいろな思いが湧いてきます。

「今は、目の前の商談に集中したい」

「事故の対応はすぐにしなきゃ」

「定期点検が可能な日程を調べて返事しなきゃ」

誰だって絶対に仕事に優先順位はつけますし、瞬時にそれを考えて、どの順番で動くかの判断は、トップセールスなら尚さら問われることだと思います。

でも、お客様にとって、そんなことは関係ありません。

「電池の交換」や「点検の予約」などは緊急性もありませんし、大したことではない……と。しかし、それらは、まったく大したことなわけではなく、後回しにする理由にはならないもの。今この瞬間、お客様は私を頼って連絡をくださっている。それは本当に嬉しいことであり、ありがたいことです。どれも最優先事項、1秒でも早く対応しようという気持ちが湧いてきてこそ、トップセールスの証《あかし》です。

「これは後でいいか」なんて勝手な判断をしようとするなら命取りになる。その気のゆるみが一瞬でお客様の信頼を裏切る結果となってしまうでしょう。

すべてが優先順位1番である！　という気持ちで、そのお客様にとっての「車の担当者」は私1人しかいない。自分からすれば「お客様1000人のなかの1人」という発想は決してもたない、あくまでもあなたと私「1対1」というスタンスでの接客を心がけています。

何があっても、難しい相談や局面でも、できるかぎりの誠意を尽くして力になろう。たとえ実際には動けなかったとしても、「動こう」とする姿勢をいかにお客様に向けて、それを伝えられるか。

「何があっても私は、いちばんにあなたの味方です」

そのようなスタンスはもっていたいものです。

常に自分をどう見せるとベストかを考える

自動車販売の世界には幅広い年齢層の営業スタッフがいます。私なんて、たかだかまだ10年ほど「営業」を味わったくらいの人間です。20年や30年以上もキャリアを積んでいる人とは経験値が違うのは当たり前でしょう。

しかし、**経験値を超えるもの**があると私は思っています。

例えば、私は元々ですが、人から**何かを言われやすい性格**です。昔からそうでした。〝親しみやすい〟かどうかは相手の判断することですが、言葉に出して褒《ほ》めていただくこともあれば、言葉に出して嫌なことを言われることも、ある。

対面の商売ですから、いろいろなお客様がいらっしゃいます。当然、営業スタッフとの相性もあって当たり前なので、お客様から違う担当を望まれることもあるもの。そういうときでも、必ず私に〝なぜ変えてほしいのか〟を言ってくださる方もいます。

私は、ありがたくその言葉を受け止めることにしています。私のどのような面や態度に対して、そんな気持ちになったのか……なかなか自分では、自分のことがわかりにくいものなので、大切な学びになるのです。

前章にも書きましたが、私はものすごく話すタイプの営業マンですが、同時に、相手のお話もよく聴き、よく観察します。というか聴き逃しません。お客様がこちらに対する警戒心を解《と》いて、安心して気持ちよく話し出すと、たまにポロッと本音が飛び出したりします。それを真っ直ぐに聴いて、真っ直ぐに反応して、とにかく楽しく、リズムよく、誠心誠意対応することを心がけています。

私は、特に初対面の方との商談時は、

「お互い腹を割って話しましょう。車の購入に対するお悩みごとでも何でも、すべて包み隠さず話してください。私は必ずあなたにとっての最適を提案します」

とお客様の目をしっかり見て話します。

そういう気持ち良さで「木原さんが担当で良かった。あなたから車を購入して良かった」って言われたい。

そのために自分をどうやって印象づけるのか。車を購入するにあたって何か不都合な理由があるとすれば、とにかくそれを今ここですべて解消し、絶対にひっくり返すつもりで商談します（その気持ちをお客様に出すか、出さないかは状況によりますが……）。

お互いに「あれっ?」と感じたら、「なんで?」と思うことがやっぱり商談中には絶対にありますし、そこがヒントなので、その疑問をすべて解消していくのが商談の大事なところです。そうでないと、パズルのピースが合わなくなります。

ピースが合わないってことは、違う絵柄のパズルを2人がやっていることになるので、当然、結論なんて出ません。相手にも失礼になるでしょう。

何か商談を決められない理由があって、全員が全員、包み隠さず話してくださるわけではありませんが、そこをどうにか話していただく。たとえ話していただけなくても、意図を汲み取ることは商談成立には不可欠なこと。相手にとって私が話しやすいように思えるための雰囲気づくりには注意を払います。できるかぎりベストな状態で挑みたいのです。

私は「車を売っている」のではありません。**「買っていただく」お客様のサポートを最大限にしたい**のです。1秒でも早く私を信頼していただいて、「この人なら任せてもいいかな?」と安心していただく。高額商品だからこそ、この人は味方だから安心だと思っていただきたい。真摯《しんし》に対応している姿勢から、その気持ちを汲み取ってくださって判断していただくために。

結局、購入していただくということは、お客様が100パーセント、もしくはそれに近い安心感や納得する気持ちになっていただかないとならないわけで、私にできることは、その不安を可能なかぎり取り除くことにあります。

基本的に私のお客様は、私が積極的にゴリゴリ車をすすめる営業マンだと認識してくださっていますが、あまり積極的すぎてもいけません。「押されている」という思いがお客様に強くなってしまうと、空気感がサッと変わってしまうときだってあるのです。あくまでも**「私が売りたいだけ」の商談には絶対にしない。**

誤解を恐れずに言うなら、「別に今はご購入いただかなくてもいいですよ」って、もちろん本当は逆の気持ちですが。「私は今、買っていただかなくても大丈夫ですが、間違いなく今ここで購入するべき理由がこれだけあるんです」ということを伝えるだけです。でも、その言葉を私が発するときは、必ずお客様が購入しない理由が見つからない、すなわち、絶対に購入するべき提案をしているときにしか言いません。

入社して間もない頃は、「買い替えてくださるまで帰しません!」と口にしたり、帰ろうとするお客様を物理的に通せんぼしたこともありましたが、今はそういう気持ちではなく、本当に安心して買っていただく気持ちと、そうやって買っていただけるようなハートフルでワクワクする美しい商談をすることを大切にしています。

車だけを販売する営業マンってダサい？

決して「車」にかぎったことではないと思いますが、特に私が携わってきた〝車売り〟の世界では、車を販売するまでがゴールではなく、それはあくまでもスタートだということを忘れてはなりません。**お客様と契約を結んだ瞬間から、お客様との長いお付き合いが始まります。**

これは次章でもふれますが、私が大学生のときにお世話になったスターバックスでのアルバイトでは**「Just Say Yes」**という言葉を学びました。これは、お客様に対しては**「Ｙｅｓ＝はい」**で答えるという学びで、「Ｎｏ＝ノー」とは言わない、という考え方からきているものです。お客様の心地よさを第一に考えた、それは素晴らしい考え方だと思います。

しかし、私たちのような自動車業界の場合、何でもかんでも要望にお応えするというわけにはいきません。納車直前になってからのボディーカラーの変更をご希望されたり、無料で部品の取り付けを要求されたり、何かにつけて無理難題を言われることもあります。何ともできないことには、毅然《きぜん》とNOを言わなければならないときがあるわけです。

これはお客様と、どのような関係性を築くかにも大きくかかわってきますが、車を販売するときだけ営業マンが良い顔をしたり、良い話をしたり、車だけを販売することに躍起《やっき》になってしまう営業スタイルだと、私から見ればダサいだけじゃなく、後々のクレームも多い〝できない営業マン〟の典型です。

その場、その場で何とか状況を乗り切るのではなく、契約を結んでからがお付き合いの始まりなので、**長いスパンで物事を見据え、考え、動くことが大切**です。

頭ごなしに「NO！」と言うのではなく、**お客様への伝え方が肝心**です。

例えば、お客様との商談中に、別のお客様から「車のバッテリーがあがったので何とかしてほしい」と電話が入ったとします。

こういう場合、どのような対応がベストなのか？　例えば3つのパターンがあります。

1つ目は、「○○さん、JAF（一般社団法人日本自動車連盟（JAPAN AUTOMOBILE FEDERATION）の略）に入っていますか？　まずはそこに電話してみてください」とだけ告げるパターン。これはいちばんひどいですね。なぜなら、お客様は担当の営業マンに何とかしてほしい、と連絡をしてきているのに、お客様任せの、いちばん楽な方法を選択しているからです。それだけを言われたら、お客様は担当から突き放されたように感じ、さらに途方に暮れるだけです。

2つ目は、こういう言い方です。

「○○さん、それは大変ですね。大丈夫ですか？　JAFには入っていましたね。私から連絡しておきましょうか？」

相手の困ったことを、まずは営業マンが受け止めるパターン。放ったらかしにはしていませんので最低限の安心感は生まれると思います。ただし、私からすれば充分な対応ではありません。

では3つ目は、どのような言い方なのか。私なら、こう言います。

「○○さん、大丈夫ですか？　これは困りましたよね。大変ですよね。どうにかしたいです。ただ、ちょうど今接客中なんですよ。あと1時間ほどで終わります。待てますか？　今すぐ車の必要性はありますか？　どこかにお出かけの予定ですか？　他のスタッフが出られないか確認していいですか？　1時間後に電話をして向かうことはできますが、私がJAFさんに連絡をすれば、30分くらいで対応できると思います。もしかしたら、そちらのほうが早く対応できる可能性があります。どっちがいいですか？　私が電話しましょうか？」

いかがでしょうか。結論は、今すぐ対応できないので「NO」には変わりありません。ただ、相手の困った状況をちゃんと受け止めて共感し、「どうにかしよう」としているこちらの姿勢をきちんとお見せすることがポイントです。

要は、同じ「ＮＯ」という答えでも**伝え方ひとつで相手の受け止め方も変わり、状況も変わってくる**ということです。「この人は、私のことを親身に考えてくれている」とお客様に思っていただけるかどうか。

私は嬉しいんです。私をいちばん最初に思い出して連絡してきてくださったことが。

もちろん、商談中の場合だと、大変だし、正直面倒くさいと思うことだって人間なのであります。でも、お客様からすれば、私とは「1対1」の関係。まず私に助けを求めてきてくださったことに感謝して、それをすぐに行動に移せるかどうかが大事です。

車を売りっぱなしの営業マンは、そういう対応ができません。その態度を見て、お客様が文句を言いたくなる。そして、そのお客様は何も言わずに離れていく。それは当たり前の感情だと思います。

これは「JAF」でNo. 1の表彰をされたときのもの。「4項目の受賞はめずらしいですよ〜!」とJAFの担当者に言われて喜ぶ私。この時期はコロナで表彰式は軒並み中止。悲しい時代でした。

新規のお客様への対応で大切なこと

「慣れた常連のお客様とは違い、新しくお客様になっていただく方への対応で注意する点はどこですか？」

まだ経験の浅い後輩から聞かれることがよくあります。

新しいお客様の場合、最初はもちろんお互いがどのようなタイプの人間なのかわかりません。ましてやお客様はこれから新しい車だけじゃなく、営業マンとも付き合いが始まるわけですから、いろいろな意味で慎重になられていることでしょう。

逆から考えてみると、**商談が下手な営業マンは、とにかく蛇足《だそく》が多いのが特徴**です。お客様が求めていないことまで話に盛り込みながら説明します。せっかくお客様の気持ちがまとまってきているのに、必要のない話をテンポ悪くだらだらとして相手の気持ちを薄めてしまうのです。

大切なのは「説得」ではなく「納得」していただくことです。

お客様が何を求めているのか。どんなカーライフがお望みなのか。とにかく営業マンは〝最適〟を提案しなければなりません。それが提示できるのは〝私だけ〟なんだと、自信をもった商談が必要です。

どうすれば最短ルートで、しかも楽しく、ワクワクした気持ちのまま成約へと結びつけるのか。時間をかけることや回数を重ねることが「お客様思い」ではありません。むしろ、その逆です。お客様の貴重な〝時間泥棒〟になってはいけません。

私は、そこに努力を惜しみませんでした。基本は超ハイテンションで、言わばシヨータイムのような気持ちで「できる営業マン・木原万里佳」を徹底的に演じました。ただ、それは基本がそうあるというだけで、あくまでもお客様が気持ち良くなっていただけるような自分を演じることがいちばん大事ですので、お客様ごとに「見せる自分」は必要に応じて変えます。

演じるというと聞こえは良くないかもしれませんが、すべてはお客様に喜んでいただくためです。よくお客様から「木原劇場だね」と言っていただきます。そのためのスキルを披露するのです。

「そうですよね？」
「今、こう思っていませんか？」
「実は、こうですよね？」

問いかけは大事です。お客様の職業のこと、ご家族のこと、趣味のこと、どのようなカーライフを希望されているのか……など。自分の経験則からそれらを読み取り、合っているかをお客様に確認する。そうやってお客様と「私」との距離を縮めていくのです。

いったい人は、どうやって相手を信頼するかというと、**自分が思っていることを察知して理解してくれる人、求めていることを返してくれる人**、だと私は思います。まずは相手のことを知ること。教えていただかなければ良い提案はできません。

商談を進めていくと、必ず壁や違和感にぶちあたります。そこを壊してすべて解決していくのです。違和感は放置しないこと。違和感こそ商談の肝《きも》と言えるでしょう。そこを必ず掘り下げていきます。掘り下げようとすると、ぽろぽろとお客様の口から「実は……」と本音や問題にしていることが言葉になって出てきます。そこを知って一つひとつ障壁《しょうへき》をなくしていくことの積み重ねが、なるべく即決の商談となるのです。

成約に対して、壁となっている部分（お金、家族の同意、支払いの計画など）をお客様と一緒に解決していく。お客様が私と「成約」というゴールに向けて、一緒に問題点を洗い出して解決の方向へと協力していく。同じ方向を見ながら答えに向かって進んでいくのです。なので、私は商談時にお客様の対面ではなく真横に座り、物理的に同じ方向を向くことが多いです。

お客様にとって、間違っても私は〝敵〟ではない。これからいちばんの味方になり得るんだ、という想いをきちんと伝えること。「私」が買ってほしい商談ではなく、あなた（お客様）が絶対に買ったほうがいい、買わなければならない理由を訴求して共感していただき、ご納得いただく商談であるように、と考えています。

そこまで導くためにも、営業マンがきちんとした方向性と着地点がイメージできている必要性があります。**そのためには「言い切ること」が肝心です。**大きな買い物であれば尚のこと、「プロに任せたい」という信頼感は必要で、

「たぶん（おそらく）〜でしょう」
「〜だと思う」
「〜でしょう」

そのような不安定な言い方だと、お客様に不安しか与えませんし、信頼関係も生まれません。

「この色と、このグレードにしましょう。このオプションは必ず付けてください。私を信用してください。このプランで間違いありません」

プロとしての矜持《きょうじ》をもって、スパッと言い切りながら導く。それがお客様の不安を払拭《ふっしょく》するためには必要不可欠なのです。

相手の表情から気持ちを読み取ったり、汲み取ったり、会話のなかから次の段階への道筋を立てたり。時には最初の提案からガラッと車種やグレードを変えた見積もりを提示することもあります。そして、お客様と商談を重ねていくうちに、そのご意向にぴったり合った装備やお支払いの条件を話していきます。とにかくお客様に損はさせないことが大切なのです。

あるパーティーにてインタビューを受ける私。身も心もほくほくしています。まるで夢でも見ているかのような錯覚に陥りました。

私は、早期で代替いただくことがかなり多いので、例えば、お客様がいつなんどきでも、仮に買って間もなくても、買い替えたいと思ったタイミングにすぐ対応しやすいように、査定の良い車種、グレード、色、装備などを提案して、短期間での代替がスムーズにいくプランをよくおすすめします。そのためにも周辺商品（割賦《かっぷ》、保険、ＪＡＦ、メンテナンスパックなど）も、しっかりと説明させていただき、車に関するすべてを私にお任せいただけるよう努めます。

カーライフの内容や満足度は人によって違うもの。だからこそ、ただ一色だけでなく、様々なグラデーションで色が楽しめるためのオンリーワンなご提案をするのも、私たち自動車販売ディーラーの仕事だと思っています。

お客様のカーライフスタイルにどれだけ寄り添えるか

結局は、どこまでお客様と一緒に生きていけるかどうか、そこに大きなポイントがあります。一緒に考えて、一緒に歩いていくのです。

私のお客様で、ご主人の趣味から「プラド」を割賦で契約し、納めた方がいました。ところが当のご本人が単身赴任になってしまい、車に乗る機会が少なくなった、とか。そこで奥様が「私しか乗らないから」とコンパクトカーへの乗り換えを希望されました。

確かに「プラド」は大きなSUVなので、日常で使うには少し大きめの車です。お話をお聴きしながらコンパクトなハイブリッドカーの「アクア」を選ばれました。ところが、いざ乗ってしばらく経《た》つと2列目に乗るお子様の成長によって少し手狭になったと、今度は「プリウスα」に乗り換えられました。そのときも私はご夫婦と楽しく話し合いながら車種を決めました。

ところが、話にはまだ続きがあります。ご主人の単身赴任が終わって、自宅に戻って来られて、「やっぱりプラドに戻したい」と再び車種を変更なさったのです。

先にも書いたように、査定の出やすい車種、グレード、ボディカラーをおすすめしてきたので、月々のお支払いとのバランスも話し合いながら、ご主人様も奥様も、今自分が乗りたい車種に、あまり面倒な手続きも必要なくスイスイと代替できたのでした。「あー、銀行でローンを組まず、木原さんに任せてといて良かった」と。

こういうときこそ営業マンの腕の見せどころです。毎回ご満足いただけたと同時に、信頼感も増していきました。常に寄り添う仕事から、私もたくさんのこと……人生観や暮らし方など学ばせていただいています。

もちろん、営業マンも商売で仕事をしていますから、プロとしてきちんと自分の売り上げをつくらなければなりません。「言い方・伝え方」のところでも書きましたが、下手な営業マンですと、お客様に車をすすめることに対して無用な「罪悪感」をもってしまうことが多いです。

〝説得〟ではなく〝納得〟です。罪悪感をもってしまう下手な営業マンは、〝説得〟で車を売ってしまうので、つい「まだこの車は乗れるのに代替させてしまった」と自己嫌悪に陥《おちい》るのです。私はその罪悪感を営業マンがもつこと、すなわち勝手にこちらが無用な判断をして「車をすすめないこと」がいちばんの悪だと思っています。その判断はあくまでもお客様自身がするのであって、その固定観念こそ、すぐにでも捨て去らないといけないのです。

お客様の生き方や暮らし方を先々までイメージしたうえで、お客様自身にもイメージしていただくので、私は**〝車売り〟＝カーディーラーの営業マンとは、まさにコンサルタントに似ている**と思っています。先々まで見て行動し、お客様をそこに導いてこそ、先のお客様のように、長く太く、「ありがとう」と愛される営業マンになると思うのです。

「今」だけを考えてご提案するのではなく、5年後、10年後を見据《みす》えて、お客様自身に想像させてこそ、今この買い方で、この車種にしても、1年後にはこの車種を、次はこうなって……とあくまでも提案型の営業スタイルを築けるのです。

ある意味、同じ哲学をお客様も営業マンもイメージできていると話が早い。当然、そこには信頼関係があって成り立つものであることは、おわかりでしょう。そして、**その「哲学」を共有できるお客様をどれだけ増やすことができるか**が、トップセールスになるための、ひとつの大きな道筋です。毎日の信頼感と愛の積み重ねがあってできることだということは忘れないでください。

スケジュール管理は〝リマインダー〟頼み

誰でもそうだと思いますが、仕事をしていくうえで、スケジュール管理と時間の使い方はとても重要だと思います。営業マンの現役時代、お客様が１０００人に達したとき、よく人から、

「どうやってスケジュール管理をしているの？」

「万里佳さん独特の時間の使い方があるの？」

そのような質問を多く受けました。

私のような〝車売り〟の仕事は、販売したあとに、そのぶんやらなければならないことがたくさんあります。車検や点検の誘致活動、査定や試算、車庫証明の申請、登録書類の準備、納車の段取り、注文書・下取り書類の作成、保険や割賦の手続きなど、お客様の数や受注が増えれば増えるほど事務処理的な仕事が待ちかまえています。

よく驚かれますが、これまで私にはアシスタントがいませんでした。販社によってはトップセールスにアシスタントをつけて、より効率よく業務を計るのですが、私にはそのような人がいなかったので、月に10台以上車を販売したら販売しただけ、右記のような書類業務が待っています。

日中は来店されたお客様への対応がほとんどですので、それらの業務は夕方以降の時間を使って行います。国の「働き方改革」の影響もあって、過剰な残業はできませんので、より効率よく仕事をすることが要求されます。

私には手帳を使う習慣がありませんので、可視化された月の予定を俯瞰《ふかん》して見るために使っているのは、月毎の大きなカレンダー（そこに大まかな予定を書いています）。それ以外は、**携帯電話の「リマインダー機能」**を活用しています。

これは、私が使っている機種に標準で搭載されているアプリで、設定したスケジュールやメモを「リマインド＝思い出させる」ための機能です。自分の指定した日時に近づくと、アプリから予定を忘れないように通知してくれるというとても便利な機能です。

例えば、1年後のような未来の予定も、このリマインド機能を使って覚えることにしています。お客様のご子息が「誕生日を迎えると保険料が安くなる」とおっしゃったような情報もお客様から「覚えておいてね」と言われると、すかさず打ち込みます。1000人以上もお客様がいると、意外と多い案件なんですね。

あと、お客様から車を預かる「預かり」という業務があります。これは文字どおり、車検などの車をご自宅や指定された場所まで取りに行くことですが、片道30分かかるところなら往復で1時間かかり、もし1日に数件もあると、それだけでほぼ半日が終わってしまいます。そうすると、お客様との急な接客や商談などが入ったときに動きにくくなってしまいます。

私は、自分の業務の効率化を計るために、「預かりは1日に1件」と決めていました。それもできるだけ出勤前に立ち寄ることにして、前の日の午後8時頃と当日の朝7時にそれぞれ2度、リマインダーをかけて忘れないようにします。

もしも、携帯電話が故障したときなどは怖いですね。考えただけでもゾッとします（笑）。でも、リマインダー機能で業務はかなり助けられています。

時間の〝質〟を向上させる集中力

1日24時間は、誰にでも等しく決められています。私だけ36時間なんてあり得ません。お客様との商談、そして事務作業をこなしていくと、1日はあっという間に過ぎてしまいます。では、どうやって〝時間〟を工面していくのか？

私は、**時間そのものの質を向上させるしかない、**と思っています。

これは私の性格にも関係していると思いますが、私は昔から1つのことにグッと集中できるタイプです。次章で紹介している大学生時代に3年連続No．1だった福岡ドーム内での〝ビール売り〟の仕事も、とにかく一旦、仕事モードになると食事も水分補給もせずに、がむしゃらになって働きました。

余談ですが、私たちの世代では、額に汗をかきながら働くことなんて格好悪いと言われていますが、私にはずっと違和感がありました。せっかく生まれてきて、自分に何かしらの才能があるならば、働くことでそれが開花されるなら、こんなに素晴らしいことはないと思うのです。

働くことが誰かの喜びへとつながるなら尚のこと。私は、働くことが根本的に好きなのでした。

話を戻すと、**1種類の仕事を一気にやる、一気に片づけること**が好きでした。

よくマラソン選手が「ランナーズハイの状態になる」って言いますよね？　ランナーズハイとは、ランニング中の陶酔《とうすい》状態のこと。人によって差があるようですが、ランニング開始後1時間くらいすると、身体が運動状態に慣れてきて、その後は急に楽になったりすることを言います。そのまま走り続けると少し頭がぼんやりするものの、非常に気持ちのいい状態になるようです。

私の場合は、その状態に似ていて、だんだん仕事がノってくると、ランナーズハイのような超集中状態の〝ゾーン〟に入って、自分でもびっくりするくらいの量の仕事がこなせるようになります。内面から楽しくなってきて、どんどん調子もよくなります。お客様への点検の誘致とか、そろそろ車の代替をお勧めしよう、とか。

一気に片づけるモードに入ります。

例えば、ある日は「注文書を片づけよう」と決めたとしたら、自分のなかで「よーい、ドン！」とスタートの合図をして、とにかくその日は「注文書、注文書、注文書……」と集中的に動きます。もちろん、日々いろいろな業務が押し寄せてきますし、日中はとにかく接客が第一優先なので、注文書だけをやるなんて不可能なんですね。それでも、決めて実行する。先にも書きましたが、私はだらだらと仕事をするのが嫌いです。

誤解を恐れずに言うなら、私はお客様とは足並みを揃《そろ》えたいですが、会社の同僚と足並みなど揃える必要はないと考えていました。今は店長という立場なので、私のようなタイプの営業マンがいたら、ちょっと目の上のなんとやらで頭を痛めるかもしれませんが、いかにして自分のペースを組み立てるかに勝負がかかっていると思っていたので、自分のスタイルを貫いていました。

ただ、最終的な事務処理をしてくれる会社のスタッフには、いつも書類を一気にドバッと出して迷惑をかけていました。それに関しては本当に申し訳なかったと思っています。

2022年の12月。
私は自分の夢でもあった「最年少店長」を
命じられました。
「No.1」になる夢が叶ったときと同様に
達成感が湧き上がってきましたが
予想以上の不安な思いも
生まれてきたことも事実です。
店長になった数か月の気持ちを
素直に書いてみます。

「営業」から「管理職」になった戸惑い

私がNo.1になってから数年が経ちました。

頂上に立ったあとに見えた世界、それはとても美しくも儚《はかな》く脆《もろ》く、それまでよりも、余計に孤独で不安な世界でした。自分より上位の人がいない状況で、そこにいる敵は、もう特定の誰かではなく、ただただ自分自身でした。

誰かにわかってほしい、誰かと共有したい……。そうなったときに支えてくれたのは、同じ業界ですが他社のNo.1の仲間でした。似たような実績や境遇、そして悩みをもつ仲間と想いを共有して励まし合う。「1人じゃないんだよ」と互いを鼓舞《こぶ》することで、どうにか仕事をこなす毎日でした。

大好きな車売りの仕事でしたが、自身にアシスタントはおらず、しかも働き方改革で労働時間は減らされるなかで、前年の自分を数字で超えていかなければならない。1日24時間という限られた時間のなかで、数年前から自身のキャパシティを遥《はる》かに超えた仕事量をこなしていた私が、時折感じる限界と、いやがおうでも考えさせられるNo．1になったあとの自身の身の振り方。そして、自分のなかで何となく感じてきた〝あの感覚〟。

それはかつてビール売りをしていたとき、辞める数か月前くらいから感じた〝自分は無敵である〟という体感と同じでした。それを感じるときは、決まって終焉《しゅうえん》に近いときなんじゃないかな、と。

「売る」ことに関して、もはや自分の意志どおり、思うがままにことが運ぶ、おこがましい言い方をすれば、私は、お客様とストーリーを紡ぎ、営業成績をあげ続けることに関しては、そこそこに熟練の域に近づいたのではないかという感覚です。

もうやりきった、今後どんな状況になってとしても、もう自分は〝ビール売り〟や〝車売り〟に関しては不安なく高いパフォーマンスができるという感覚……それを感じるときって、得てして、自身が次のステップを意識している兆候なのかなと思いました。

なんでも「史上初」とか「No.1」が好きな私のなかに生まれた目標のひとつが「最年少店長」でした。調べると、弊社で最年少で店長になられた先輩は32歳だったので、私はそれを超えるべく「最年少店長になる」と公言し、31歳12か月目で店長を拝命しました。思えば「30歳までにNo.1になる」と言ったときも、29歳10か月目に達成し、そのときもギリギリだったのでつくづく綱渡りしているなあと思いますが、こうして私の店長としての日々が始まりました。

「管理職」……今まで自分に縁のなかった言葉。きちんとやれるのか心配でした。でもやるしかありません。かつて、私が入社時に新米店長だった浅野博さんは7年の時を経《へ》てご昇進され、また私の直属の上司（福岡トヨタではゾーン長といい、エリアマネージャーのような役割です）として一緒に働くようになりました。

浅野ゾーン長から、こう言われました。

「10年の時を経て、再び昔の関係に戻ったね。新米店長と新入社員から新米ゾーン長と新米店長。新米同志一緒に頑張ろうや！　俺は全力で木原を支えるよ！」

営業マンとして慣れた日常を10年間も送ってきた私に、初めて訪れた大きな変化に、就任当初は久しぶりに不安を感じていたのですが、浅野ゾーン長の言葉がそれを払拭してくれました。

ただただ、ほんの少し自身の性別や年齢の若さからお客様より「店長」として認めていただけるのか、接していただけるのか不安もありました。

数年前に、私が店長になるのがそう遠くないと予想していた先輩が、いつか店長になったときに、きちんとできるかを不安がる私に言ってくださった言葉が印象的で、今でも覚えています。

「役職がその人をつくる。与えられれば、おのずと木原は店長になれるんよ」

いざ店長になってみて、言葉の重みを実感します。

店長になって数か月、ありがたいことに店長としてのお客様対応、クレーム対応などもさせていただきましたが、想像していたよりも精神的に難しくない。もちろん、クレーム対応に関しては基本を知らずに感性でやっているので、簡単にはうまくはいかないのですが、「どうやったら解決するのかな?」と考えて試すことを、ともすればそれを楽しんでいる自分がいます。

かつて想像していたよりもしんどくないのは、あくまでも、それまで営業時代にお客様対応に関して必死に向き合い、たくさん怒られながら学んできたことの延長であったことに気づかされたのです。

そして、自身が数年前に危惧《きぐ》していた性別や年齢のことも実際になってみればなんてことない、これも逆に「若い女性店長」であることから一目置いていただけることが多く、結局は得をしているんだということにも気づかされました。

店長としての私が伝えたいこと

そんな私の目下の課題は「部下育成」のひと言に尽きます。

私が営業のチームリーダーになるとき、そしてなったあとも、数年間、周囲に言われ続けたのは、

「トップセールスであるあなたが異端である意識をもちなさい。みんなが木原さん

じゃないんやけんね」

車を売ることに関しては、その仕事ぶりが変態じみているとよく揶揄《やゆ》されていた私が気をつけなければならないこと。それは次のことです。

「目線を落とすこと。自身の価値観を押し付けないこと」

自分ができることが多いと「なんでみんな、できないんだろう？　しないんだろう？」という良くない感情が生まれます。これはきっと私が乗り越えなければいけない壁だと思います。

私が部下に伝えたいのは、ときには一生懸命歯を食いしばって頑張ることが必要なときは絶対にあるけれど、とにかく「楽しく」働いてほしい、ということです。楽しいっていうのは「fun」とか「enjoy」じゃなくて「interesting」です。

朝、起きたときに「今日も会社で頑張ろう」と前向きに思ってもらえる環境づくり。みんなが笑顔でイキイキと自発的に働き、充実した日々を送ってくれる……、そんな桃源郷《とうげんきょう》をつくることはまるでキレイごとのようで、とっても難しいと思いますが、そんな職場にしたいなと思っています。

そして私がこれだけはキーワードとしてもっていたいのが**「恩返し」**です。

先にも書いたとおり、私には営業アシスタントなるものはいませんでした。でも1000人を超えるお客様すべての対応ができたかというとできるわけがなく、お店のスタッフ全員が私を助けてくれていました。お店だけでなく他部署の人たちもいつも「頑張ってね」と応援してくれていました。

そして、いま私が店長になったことをまるで家族のことのように祝福してくださる愛すべきたくさんのお客様、愛する父や弟やおばあちゃん、友人。これからは今まで私が皆様に与えられたもの以上をお返ししたい。

見返りは求めず、ただ感謝と愛を与えられるようになりたい。そう簡単にはいかないにしても、このスタンスは持ち続けたいと思います。

こんなキレイごとを言ったって、理想と現実は違います。私も店長就任後ストレスで左の鼻毛だけ真っ白、白髪になりました。感情的になることもありますし、日々どうしたいいのかわからず葛藤と苦悩の毎日です。

そんなときに、みんながこういうアドバイスをくれます。

「〝木原らしさ〟で店長をやったらいいんだよ。ダメなところはみんなで言ってあげるから」

だから、とりあえずトライアンドエラー、営業時代と同じように私のなかの正解を試して、いろいろな球を投げてみて、それに対する跳ね返りを見て、たくさん失敗しながら、不器用なりにも果敢《かかん》に、みんなと一緒に未来への一歩を丁寧に着実に踏み出して成長していけたら……そう思っています。

店長になって1か月目。最大7人いることもある「新宮古賀店」が異動の関係で、ひと月だけ営業4人になりました。みんなで私の大好きな No. 1ポーズ!

【第2章のまとめ】

◎愛される営業マンとは「決して適当なことを言わない人」

◎常に自分をどう見せるとベストかを考えること

◎お客様への伝え方ひとつで状況も変わってくる

◎営業で大切なのは「説得」ではなく「納得」していただくこと

◎どこまでお客様に寄り添えるかが大事

◎同じ「哲学」を共有できるお客様をどれだけ増やせるかが大切

◎集中力によって時間の〝質〟は向上させられる

第3章

あきらめない「私のこと」

自動車販売のトップセールスになってから
より〝人〟に対して考えるようになりました。
出会い、ご縁、つながり、分かち合い……。
やはり大切なのは、
人対人のコミュニケーションです。
そういった気づきもいただきながら
自分自身を深く見つめるようになりました。
これまで歩んできた「私」のことを
書いておきたいと思います。

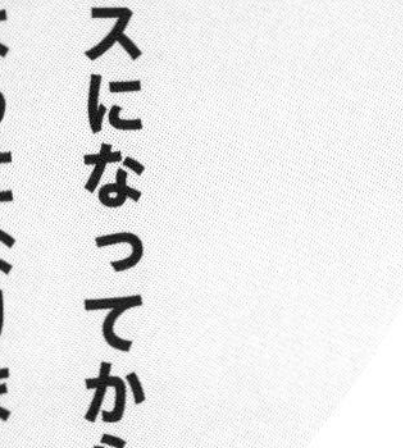

ずっと〝夢〟がないことが悔しかった

この本の原稿を書いているとき、私は32歳です。福岡トヨタに入社してからちょうど10年が過ぎました。がむしゃらに、ただひたむきにNo.1を目指して走り続けてきましたが、決して自分1人で夢を叶《かな》えられたわけではなく、様々な出会いやご縁に助けられながら、何とかここまでやってきた……それが正直な気持ちです。

まだまだこれからも成長していきたいですし、チャレンジしたいこともいっぱいあります。ただし、どのように自分が変化していったとしても、**〝原点〟だけは忘れたくない、**そう思っています。**誰にとっても〝原点〟は大切なものです。**

この章では、私の〝原点〟――幼少期や10代の頃、学生時代、アルバイトで学んだこと、そして大好きな母のことも書きます。そうやって、いつも感謝の気持ちを忘れない自分でありたいと願っています。

私は幼い頃から目立ちたがり屋で負けず嫌いでした。小さい頃から両親に、

「まーちゃんは頑張り屋さん」

そうやって褒《ほ》められると心がぽかぽか温かくなり、とても嬉しかったことを覚えています。

私には、幼少期から得意なことがありました。それは先にもふれた**「記憶力」**です。昔から地図が読めませんでしたし、道も覚えられないのですが（まだ営業の新人の頃はお客様のご自宅を訪問することがひと苦労でした）、**「字面《じづら》」「名前」「顔」「会話」**などは自分でも驚くくらい覚えています。小学校でも、1年生から6年生まで、児童のほとんどの顔と名前を知っていました。

2章にも書きましたが、私が通っていた保育園は右脳教育に熱心なところだったので、もしかすると私の潜在能力は環境によって開花したのかもしれません。

小学校時代は、勉強にもまだ興味がなく、大したこともしていませんでしたが、習いごと（和太鼓）や運動会の持久走などで1番になると、両親も祖父母もみんなが喜んでくれました。褒められるのが大好きだった私は、そういうことだけはひたすら頑張る小学生だったのです。

中学校に入ると成績に順位がつくようなりました。

ところが、私たちの世代は〝ゆとり教育〟が教育現場に導入された時代です。「生きる力」をスローガンにして、学校週5日制の完全実施、算数・数学を中心にした授業時間数や授業内容の大幅削減、「総合的な学習の時間」の導入などを柱とするもので、「全員が1番」「誰とも比べない」と、本当は順位はつくものの、それが生徒たちに知らせられることは、ほとんどありませんでした。私は、絶対評価ではなく相対評価が中心の教育方針にも違和感がありました。

〝目立ちたい＋褒められたい〟が大好きだった私にとっては、どこか物足りなかったのが正直な気持ちです。現に、中学時代の恩師も、

「どうせ、みんなは競争社会に出て行かないかんのやけん、俺はテストの順位とか全員にわかるよう貼り出してもいいと思っとる。しかし、それをやるといろいろと角が立つけん」

先生なりに悩んでいるのがわかりました。恩師は、各人にこっそり点数と学年順位を伝えてくれました。

「木原、〇〇の教科はNo.1やったよ」

順位の紙がそれぞれの手に渡ると、そこで決まって話題になるのが「誰が1番だったのか？」という話。「木原は何番やった？」と聞かれても「2番」のことが多く、絶対的な1番でいたわけでもなく、1番のメンツはちょくちょく変わるのに自分は1番になれないという劣等感と悔しさを抱いていました。

私も順位づけを全肯定しているわけではありませんが、やっぱり自分がやったことに対する評価は、自分自身が知って励みにしたい気持ちはありました。


これはあくまでも私の主観ですが、私たちの世代の弱点というか、弱いところは、**「我慢ができないこと」「耐性が少ないこと」**だと感じます。

今思えば、まだ私も子どもだったので、あの頃は、ただ自分を見てほしい、褒めてほしいが強かったのですが、自分を認めてもらったり、やる気を伸ばしていただいたりして育つ〝心〟って、やはり自分だけで養えるものではないと思うのです。

誰かからの評価や、かけていただく「言葉」こそ、ものすごく大切なモノではないでしょうか。自分ではわからない可能性や将来への夢の実現も、1人では叶えられません。

もちろん、ゆとり教育の良いところもあると思います。

それは、自分の可能性を広げられるチャンスができるという点。1人ひとり何に興味があるのか、何を学びたいのかを考えることは、生きる力に直結するとされていました。自由な時間は自由な発想につながり、豊かな人間性を育てることができる、と。土日がお休みになったり、教科によっては授業数も少なかったりしたので、大人から見れば、確かに文字通り「ゆとり」はあったと思います。

ただし、私にとっては、ずっとコンプレックスだったことを、あらためて意識するようになったのも事実です。それは**自分には〝夢〟がなかった、**ということです。

奈良時代以降の日本には「元服」という成人を示す儀式がありました。女性でも大体12～16歳くらいを迎えると成人になる儀式が行われたようですが、私が通っていた中学校では2年生のときに**「立志式《りっしき》」**と呼ばれる式があって、そこで**将来に向**

けての〝夢〟の作文を書かされたのです。私にとっては苦痛なイベントでした。

クラスのみんなは、すらすらと自分がなりたい夢を書いたり、隣の男の子なんて、本当はやりたいことがあるのに家業を継がなければならない悲しさを嘆きながら書いたり……でも、私は羨《うらや》ましかった。最初から敷かれているレールで本人は苦しんでいるけれど、書ける夢がある。それが羨ましくて、羨ましくて。

小学生のときもそうでしたが、結局、高校生、大学生になっても私には夢がありませんでした。〝夢〟の作文にも、とりあえずの気持ちで「英語の通訳」と書きましたが、書きながら違和感と漠然とした焦りを感じていました。

誰の人生においても、10代という時間に経験したことって、その後の人生の大きな根幹になると思います。その意味では、私が育った中高生の頃の時代背景も、今の私に大きな影響を及ぼしたことはまぎれもないことだと思っています。

「2番ってかっこ良くない！」と思っていた私の挫折

中学生になって「テスト」を体験するようになりましたが、順位はいつも2番にしかなれませんでした。実は、その後の高校生時代も私の成績の順位は、なぜか2番ばかりだったのです。そして高校生になっても将来の夢が見つからない私は、心の中で焦りと不安を抱えていました。

これは、社会人となった今でも強く思っている自分の美学ですが、2番ってダサいと思うのです。かっこ良くない。この本のいちばん最初にも書きましたが、日本で2番目に高い山って言えますか？　例えば、どの業界にも当てはまることですが、『No.2が教える〜』みたいな本ってあり得ないですよね？　あれと同じです。1番以外は、全部同じだと思っています。言ってしまえば、2番はドベよりもかっこ悪いです。

しかし、夢や目標がなかった当時の私は、勉学で1番を目指すほどの意欲もなく、今ほどは2番であることへの悔しさや憤《いきどお》りはありませんでした。

そのような、ちょっと道が定まらない、ふらふらした気持ちで迎えた高校進学では、受験にも失敗してしまいました。希望していた高校は推薦入試も一般入試も落ちてしまったのです。

私の中学の成績が悪くなかったので、成績を見た高校の先生が私の担任に「特待生制度があるから受験してほしい」とスカウトしてくれました。母は、もともと受けようとしていた女子校よりも、

「男がおらんと人生つまらんけん、共学にしときい」

と言ってくれて、私も制服の可愛さで受験を決めました。

結果的には、特待生制度で授業料が免除される学校を選ぶことになりました。奨学金で無料で通える共学の学校に入学することになったのです。入学してから受験時の成績が1番で合格したことを知りましたが、結果がそうなっただけで、正直なところ喜びにつながるほどの感激はありません。それよりも、祖父や母に希望されていた志望校に落ちたショックは大きく、ずっと引きずっていました。

やりたいことがあって勉強していたわけじゃなく、かといって怠けていたわけでもありませんが、高校時代は部活動とアルバイトは奨学金をいただいている手前、禁止だったのでやれません。ただ、幸運にも友達には恵まれたので、とても楽しい学生生活でした。今でも仲の良い友人たちは生涯の宝物です。

そんな私の気持ちとは裏腹に、祖父と母は勉強に厳しく、高校受験も失敗していることから「大学は、いちばん難しい学校を目指しなさい」と身内から言われるがまま、なんとなく勉強をしてきただけでした。

普通のクラスではなく、特別進学クラスを選んでいたので、授業は朝7時40分の補習から始まって最後の授業が終わる18時10分までの約9時間。その後も20時頃まで学校に残ったり、隣にあった大学の図書館に22時頃までいたり。カリキュラムが普通のクラスとは違うので、やる気があったかどうかはさておき、学校や勉強とはずっとつながった生活をしていました。

余談ですが、私は高校3年生の1年間、自宅の近くの商業施設「ゆめタウン」のなかにあった「スターバックスコーヒー」に通いました。お小遣いのほとんどをこのお店で勉強する時間につぎ込んだと言ってもよいくらいです。

そのうち私の名前を覚えてくださったスタッフの皆さんからかけていただく温かい言葉が、嬉しくて、嬉しくて。

「万里佳ちゃん、今日も勉強、頑張ってね」

「これ、飲んでね。私からの特別プレゼント」

受験の際には、メッセージ入りのｋｉｔｋａｔ（きっと勝つと）をプレゼントしてくれました。その方は、私がたまたま大学のときにお世話になった先輩とのちにご結婚されて、今もお付き合いがあります。

その数年後、違う店舗でしたが、私がスターバックスでアルバイトを始めるようになったのは、高校時代の最後の1年間に味わった数々の〝感動〟経験がきっかけとなったからでした（そのことは157ページに書きました）。

そうやって過ごした高校生時代の最後に迎えた大学受験。

私は再び、大きな挫折感を味わうことになるのです。

弱い自分の心が招いた劣等感

迎えた大学入試——私はセンター試験に失敗してしまいました。

高校受験と同じく二度目の失敗だったので、強烈な劣等感に苛《さいな》まされました。

センター試験の後、三者面談で担任の先生からは「志望校には99・9％落ちるから志望校を変えて、100％受かるところを受験したほうがいい」と言われました。実を言うと私は残りの0・1％にかけて志望校を受験したかったのですが、それでも志望校を受けさせてほしいと両親に言うことができませんでした。

結局、受験する大学を変えた私は、まったく行く予定のない他県の国立大学に合格し、合格発表を見て大泣きしました。100パーセント受かるところを受けて落ちるはずなんてありません。何て意味のないことをしてしまったのかと、合格の2文字が、ただただ悔しくて虚《むな》しくてたまりませんでした。

なぜ、両親に、「落ちるとわかっていても志望校を受験したかった」と自分の意志をきちんと伝えられなかったのか。どうして自分で決められなかったのか。無理とわかっていても、自分で納得してチャレンジすれば合格を手に入れていたかもしれない。結果が変わっていたかもしれない。私は、自分の可能性を自分で放棄したのです。**弱い自分の心が強烈な劣等感を生み出した**のでした。

自宅から通える大学が親から言われた条件だったことも決めきれなかった大きな理由でした。本当は行きたかった関西の大学もあきらめ、受かった他県の国立大学にも行かず、結果的には両親の希望する地元の私立大学に収まりました。

いよいよ春になって入学してから私の大学生活は始まりましたが、どうしてもうまく気持ちが切り替えられず、結局、せっかく入った大学を毎日サボり続けることになったのでした。

大学生時代に開花したNo.1への夢

大学生活になかなか馴染めなかった私ですが、一瞬だけ管弦楽団のサークルに入ったものの、その後すぐにやめてしまうことに……。しかし、そこで出会った先輩にすすめられたのがきっかけとなって、念願だったアルバイトを始めることになります。先輩から「お寿司屋さんで働けるよ」と聞き、〝高時給〟という言葉に飛びついて派遣会社に登録したのです。

幼い頃から夢はありませんでしたが、「キャリアウーマン」にはすごく憧れていたので、稼ぐためと働くことに興味があってアルバイトがしたかった。味わってしまった劣等感をなくすためにも、有り余る大学生の時間を利用して、自分の能力でお金を稼いでみたい気持ちが強かったのです。

結果、就職が決まるまでの約3年間。私は3つのアルバイトをかけもちすることになります。

その派遣会社では、まず登録者の根性や適性を判断するための材料として、必ず最初に「ビール売りをさせる」というルールがありました。なので、最初に派遣先から指名されたのが、福岡ドームでの仕事だったのです。

「ドームで何をするんだろう……？」

それは、ドームで行われるプロ野球の試合でビールを売る仕事でした。

ひとつがおよそ13～14キロもある樽《たる》を担ぎながら生ビールを販売します。決して楽な仕事ではありませんし、観客席を行ったり来たりしますので重労働な内容です。

しかし、私は仕事に入った初日に、こう思いました。

「あっ、私……この仕事に向いている。楽しい！」

売上で順位が決まる方式にも惹《ひ》かれました。ちょうどその時期は、高校受験も大学受験も失敗したことから心がモヤモヤしていたことも関係していたのでしょう。心が解き放たれた気がしました。「私ならやれる！」と直感しました。私のやり方次第で結果が変わる。そのわかりやすさにも燃えました。

試合のある日の4時間～6時間くらいが私の働く時間帯です。販売に慣れた人で

60〜70杯。あまり売り方が上手くない人で30〜40杯くらいのビールを売ります。その道20年以上もビール売りをしているレジェンドみたいな方もいらっしゃいましたが、私はNo.1になれる気がしました。簡単ではないけれど、絶対人よりは根性があって頑張れる自信もあったので「私ならできる!」と。

ビール売りは歩合制です。当時は30杯以上販売すると、1杯あたり10パーセントが時給以外に入ってきます。ある意味、お金に関してはわかりやすい世界です(その点は自動車の販売に似ています)。

私は時間の許すかぎりドームでのアルバイトに入りました。通常なら2連戦、3連戦のときはその数だけ現場に通います。6連戦の場合は、ほぼ毎日通います。働く回数が増えれば増えるだけ、仕事のコツもわかってきて楽しくなりました。

何回か仕事に入ってコツがわかってくると、私はNo.1を目指したくなったのです。まるで、それまでのモヤモヤした気持ちを消すかのように、ビール売りでNo.1になる目標ができました。私の〝やる気スイッチ〟がオンになって、いつしかそれは初めての「夢」に変わっていきました。

圧倒的にビールを売るためにやったこと

同じアルバイトは総勢200名近くいたと思います（もちろん日ごとに必要な人数が現場に出ます）。それぞれが、それぞれの工夫を凝らしてビールを販売するのですが、先に書いたように個人差があります。私は、とにかくレジェンドを抜いてNo．1になりたかったので、自分なりの特徴を発揮することや、自分だからこそできることを考えました。

いちばん自信があったのは**「声の大きさ」**でした。元気いっぱいで声を張り上げることは誰にも負けない。現に、開場直後のまだ人の少ない状況だと、ドームの端から端まで響くくらいの声でしたから、私が販売している声が野球の中継に入っているときもしょっちゅうでした。

あとは足ですね。動くことを惜しまない。斜めになった観客席の最下段から最上段までを上がったり下がったり、それがどれだけできるか。お客様がどこで私を見つけて買ってくださるか。私には「声」と「足」があるので、なるべく下段の観客席に座っているところで自慢（？）の声を張りあげたのです。

上段の場合だと、お客様たちは常にグラウンドでプレイをする選手を見ているので、私とは目が合いません。声は聞こえていても、意識までこちらを向かせるのは不可能です。

ところが、下段あたりに自分のポジションを定めると、否応なしに私の視線と合う確率は上がります。笑顔で愛想を振りまくので、目が合えばこっちのものです。「売ります＝買います」の関係性ができる。私はどうやってビールを買っていただくかを考えました。その結果気づいたことがあります。それは、

「誰でもできるようなことをやっているかどうか？」

つまり、基本的な動作、

◎ビールを販売していることに気づいていただく

◎持ち前の元気と笑顔とぶりっ子で、お客様に「この子から買いたい＝応援したい」と思わせる

◎手を挙げた人のところへすぐに行って気持ちよく販売する（また、この子を指名したい！　と思わせる接客対応をする）

この3つしかありません。至極当たり前のことですが、重いビール樽を背負ったままドームの階段をいちばん下からいちばん上まで、**その単純な動作を惜しみなく愚直にやれるかどうか**にかかっています。少しでも楽をしようと気を抜けば、その瞬間に売れなくなる。**「神＝運」に見放される。**動作も鈍くなるでしょう。すると、売れない焦りから、疲れも感じ、笑顔も減ってくる……そうならないように、どこまでやれるかの話です。

長くビール売りの仕事に入っていると、自然と常連さんたちと知り合いになります。お客様たちの動きをこちらもわかってきます。わかりやすい例でいうと、お弁当を手にもった5〜6人のサラリーマン風の人たちなら、ほぼ間違いなくビールを買ってくれます。そこで待ち構えて丁寧な接客、とても感じよくハキハキと笑顔で対応させていただくと、試合に集中している周囲のお客様の関心がこちらに移り、その雰囲気が連鎖して周りのお客様から一気に注文が入るのです。

あとは、やはり情熱ですね。**「絶対に買っていただく」という情熱**をもって、その視線をお客様に向け続けられるかどうかで、潜在的に「ビールを飲みたい」という気持ちのある人は、少しそわそわしている。そこで、じっと見つめてアピールして目が合うと、そこに反応してくださる（少し立ち止まって観客席全体を俯瞰《ふかん》することで、ビールを欲している**〝お客様レーダー〟**が働く）。

「あっ？」

と思い出したように手を挙げてくださって、その気持ちにサッと応えるように体を動かすわけです。派手なパフォーマンスなんていりません。ただ、13キロの樽を背負って、階段のいちばん下からいちばん上まで登り続けるという、**本当にみんながやりたくないしんどいことを、いかに当たり前に笑顔でやり続けられるかどうか。**

それが「売れる・売れない」の分かれ道になるわけです。
程なくして、私は福岡ドームでのビール売りの月間No．1になれました。

「できるかぎり広い視野をもってお客様を見ながら、とにかく球場をくまなく歩き続ける」

ビール売りをやった3年半あまりに、たぶん100人以上は「木原さんからビールを買うよ」と思ってくださる常連さんがいて、最高で1試合190杯以上売ることもありました。アルバイトの規定上、お客様と細かな個人情報を交換するのは禁止されていましたので、あくまでも福岡ドーム内だけでのお付き合いですが、会うと必ず買ってくれる方々がいました。そんな人たちにも支えられていたからこそ、No．1であり続けられたと思います。

お客様から少しでも覚えていただくため、当時は売り子を判別するために、全員が帽子にナンバーを書いたプレートを付けていたので、出勤順にプレートを取るシステムだったのですが、私は必ず「4番」を取っていました。途中から他の先輩たちが「4番は木原さんの番号やけん、取ったら（使ったら）いかんよ」と新人の子たちに言ってくれました。

頑なにお客様には名前を教えなかったので（個人情報なので）、「キリンちゃん（キリンビールを販売していたから）」「よんさま（4番を付けていたから）」とお客様からは呼ばれていました。

余談ですが、福岡トヨタに入社後、最初に使わせていただいた営業車のナンバーは「・・・4」。車売りでもNo．1になれるようにと願掛けで選びました。

きっと、どの業種業態での仕事もそうですが、**No．1になるためには、「私」を覚えてくださり、支えてくださる「ファン」の存在が必要です。**あの手この手で無理やりファンのような存在になった人は意外と離れていくのも早いものですが、こちらが情熱をもって働く姿に共感してくださったり、人として認めてくださったり、私を応援したい！　と思ってくれた人とは、絆《きずな》に近い信頼関係ができるような気がします。

その信頼関係をどれだけ築けるか、いかに大切にできるか……それは、ビール売りの仕事を通していちばん学べたことでした。

No．1の快感を知った私は、そこからNo．1を3年間守り続けました。ずっとなりたかったNo．1になれたことがうれしくて、常連さんたちの顔や名前、職業などの情報を覚えたり、逆に私を指名するように呼んでくださったりする方がどんどん増えてきて、私はビール売りの仕事が楽しくて、楽しくて、今思えば**「営業」の基礎は全部、福岡ドームでのビール売りから学んだ**といっても過言ではありません。その

頑張れば頑張るほど、お金をいただけるビジネスってわかりやすいですよね。そのような点も自動車販売の仕事と共通しています。

ちなみに、ビール売りの仕事をする前はモノを食べませんでした。身体がだるくなることを避けるため、そしてトイレに行く時間をもったいないと思っていたので、途中に喉《のど》が乾いても周囲から「危険だから飲みなさい！」と止められるまで、ほとんど水分補給はしませんでした。ある意味、あの当時のほうが私はストイックだっ

たかもしれません。

2章でも書きましたが、よく**「仕事のゾーンに入る」**って言い方をしますよね。それはリズムなどの波にのることを言うのだと思いますが、私の場合は、ゾーンに入るのを待つタイプではなく、**自分から切り開いていく快感**を味わっていました。

物事はなんでもそうだと思いますが、**主体的に動いたほうがおもしろいもの**です。自分から動いていくことで、わからないことも見えてきますし、何を補えばいいのかもわかるもの。そういうことの基礎が大学生時代に体験できたことも、元をたどれば高校と大学の受験を二度も失敗した経験の反動もあったと思います。当時は辛《つら》くて落ち込んでばかりでしたが、あの経験があったからこそ私は、

◎自分で選択して決めること

◎自分から積極的に動いて勝ちに行くこと

この2つの大切なことを学べたと思います。今では、あのときの体験に心から感謝しています。

ビール売り時代。当時は痩《や》せていたし、何といっても若い。ストイック過ぎて最初の1年くらいは6時間くらい水分も飲まず売っていました。ひたすら走る、ひたすら階段を下から上までくまなく登る。辛くてもきつくても絶対笑顔。「大丈夫、私は1番、私は売りきい（売ることができる）」と自分に暗示をかけて。それは車の営業になっても変わらないし、やっぱり、福岡ドームが私のルーツ。

スターバックスから学んだ感動を分かち合う幸せ

大学生時代、私は3つのアルバイトをかけもちしていました。

ひとつが、先にふれた福岡ドームでのビール売りの仕事。何事も自分から動き、お客様とコミュニケーションをはかりながら、長きにわたってNo.1になれたという貴重な体験をさせていただきました。

もうひとつが、結婚式場の配膳係のアルバイト。主にドームでの野球がシーズンオフのときに入っていた仕事でしたが、人が幸せになる瞬間の大切なブライダルシーンを眺めながらの仕事は、大学生だった私の夢を大きく広げてくれました（まだプライベートでは、その体験はできていませんが 笑）。

そして3つめが、福岡ドームの隣にあったスターバックスでのアルバイトでした。

この仕事から学べたいちばんのことは、**徹底してお客様に感動していただく＝「感動経験」という付加価値を提供するという考え方**の素晴らしさです。

外資系企業のスターバックスでは、社員であろうが、アルバイトであろうが関係なく、お客様に感動を味わっていただくための教育プログラムが充実していました。いかにお客様に感動していただくか、スターバックスで居心地の良い時間を過ごしていただくかを大切にします。

それは「サードプレイス」という考え方です。自宅（ファーストプレイス）でもなく、職場（セカンドプレイス）でもない。自分らしさを取り戻せる〝第3の場所＝くつろげる空間〟を提供したいという思いからきています。

私が高校3年生のとき、毎日のように通っていたお店でも、パートナー（従業員）さんたちが、わざわざ休憩時間に私のところに来てくれて、勉強の応援をしてくれたり、私が行きたい大学の学部の話をしてくれたり、とにかくみんなで私を励ましてくれたことが忘れられません。そう、私はものすごく感動したのです。スタバはまさに私のサードプレイスでした。

私の志望大学に近くて、志望大のパートナーさんたちが多かったのも通っていた大きな理由です。

あのときの体験があったので、私は「大学に入学したら絶対にスターバックスで働く！」と心に決め、その日が来ることが楽しみでなりませんでした。

お客様に対して、気持ちよく笑顔で接客するのはもちろんのこと、紙のカップに「thank you」などとひと言を添えたり、絵を描いたり、よくいらっしゃるお客様には、「今日も、いつものにされますか？」

と、「あなたのことを覚えています」という気持ちを大切にしていました。

スターバックスには、「Our Mission」と書かれた企業理念があります。アルバイトの私も見せられました。そこには、こう定められていました。


「人々の心を豊かで活力あるものにするために―ひとりのお客様、一杯のコーヒー、そしてひとつのコミュニティから」

スターバックスはアメリカの外資系企業です。どの会社もそうだとは思いませんが、比較的ほとんどの会社では、ミッション（mission）とビジョン（vision）とバリュー（value）を掲げ、それを全社員で大切にしています。

ミッションとは、企業の使命や役割、存在意義などを示すもので、企業としての普遍的な価値観とも言えるでしょう。

ミッションが明確に定まっていなければ、スタッフは何のために働き、どうやって自分たちが社会に貢献できるのかを認識することができません。

ミッションをスタッフに浸透させることで、スタッフは仕事の意義や優先事項を見出《みいだ》せるようになります。スタッフや社会に企業のミッションを深く理解してもらうためには、社内外に広く知ってもらうことが大切です。

ビジョンとは、企業が目指す理想の未来や目標を指します。企業の将来像をスタッフと共有することで、「最終的にどこに向かって頑張ればよいのか」を認識できるようになります。そのため、ビジョンを通して団結力を高めるだけでなく、組織力も強化することが可能です。

バリューとは、ミッション・ビジョンの達成に向けたスタッフの行動基準・判断基準のことを言います。バリューが抽象的にならないよう、日々の行動レベルにまで落とし込めるように、バリューは具体的に言語化されていることが多いものです。

スターバックスのミッションについては先にふれた通りですが、それを実行するための具体的な「バリュー」は、次のように掲げられていました。

アルバイトで入った私も、先輩のパートナーからこれを学び、実際の仕事にも活かしたものです
「Our Mission」を達成するためにも、5つの行動指針を「Values」として明文化しているのです。

〈OUR VALUES〉

・私たちは、パートナー、コーヒー、お客様を中心とし、Valueを日々体現します。

・お互いに心から認め合い、誰もが自分の居場所と感じられるような文化をつくります。

・勇気をもって行動し、現状に満足せず、新しい方法を追い求めます。

スターバックスと私たちの成長のために。

・誠実に向き合い、威厳《いげん》と尊敬をもって心を通わせる、その瞬間を大切にします。

・一人ひとりが全力を尽くし、最後まで結果に責任を持ちます。

・私たちは、人間らしさを大切にしながら、成長し続けます。

※「スターバックスコーヒージャパン」の公式サイトより引用

そして、企業理念以外にも、スターバックスのスタッフ内でのコミュニケーションを円滑に行うために心掛けているポリシー「**スタースキル**」も掲《かか》げられていました。アルバイトだからといって働くことにおいて、社員との差別はありません。仕事をするうえでの仲間＝パートナーとして、次のような考え方を助け合い精神として共有していたのです。こういった考え方や思いから、お客様1人ひとりに注がれる〝感動〟が生み出されるのでした。

スタースキル

①自信を保ち、さらに高めていく

これは、スターバックスで働くことに対して、矜持《きょうじ》をもち、現状に満足せず、常によりよいサービスや自身の成長を追求する考え。

②相手の話を真剣に聞き、理解する努力を怠らない

価値観の異なる、それぞれのパートナーが働くからこその考えで、相手の話を傾聴すること、尊重することが大事でインタラクティブなコミュニケーションによって関係性が円滑になるという考え。

③困った時は助けを求める

実は、これがいちばん共感したかもしれません。

困ったときってけっこう周囲に相談しにくいですよね。

周囲が忙しくないか気遣ったり、自分のくだらないプライドが邪魔したり。

だけどお客様のことを考えると絶対にクリアにしておかないといけない。

高校生のときに感動した背景には、このような企業理念と働くときのポリシーがあったことを、自分も働くようになってから知りました。間違いなく、私の仕事観の根幹にある重要な考え方です。

もうひとつ、私もたくさん励まされた、とても感動的な制度がありました。それは「**GABカード（Green Apron Book）**」というシステムです。スターバックスの行動規範に沿いながら素晴らしい行動をとったパートナー（従業員）に対して、同じパートナーが感謝や敬意を伝えるためのカードのことです。手書きでメッセージを書き、そのままを手渡しするのです。

「あなたの取ったこの行動がとても良かった。とても感動したので私も真似《まね》したいと思います。ありがとう」

このようなメッセージカードを直接いただきます。これは、言葉で言われても嬉しいものですが、活字になって可視化されるので、驚きと感動が一緒になってやってきます。誰かが私の行動を見ていてくれている。その喜びと安心感。「よし、また頑張ろう」というモチベーションにもつながります。

今振り返って思えば、福岡ドームでのビール売りの仕事からは**「自分で考え、動くことの大切さ」**を学びました。そして、スターバックスからは、**「お客様に感動していただくことの大切さ」**を学ぶことができたと実感しています。

◎考え、そして行動すること
◎お客様に感動していただくこと

その2つの大切な学びが、後々、福岡トヨタでの営業の仕事に活かされていくことになるとは、もちろん当時の私はまったく想像もしていませんでした。

人生で体験や経験すること、学ぶことすべてに無駄がないことが今ならわかります。そう思える自分の感性もしっかり受け止めたいと強く感じています。

スターバックスで働いているときに友達が撮ってくれた1枚。高校3年生の卒業までの1年間は大学受験に備え、お小遣いの全額をスタバに投資しながら夜な夜な受験勉強をしていました。それは、私の行きたかった大学の学生アルバイトが多いお店だからという理由もあります。外資であるスターバックスからは、スタースキルや感動経験などいくつもの考え方・概念を学びました。もはやアルバイトというよりもインターンシップのような感じでした。

社会人になって半年ほど経ったある日、
最愛の母を不慮の事故で亡くしました。
そこで私の人生の時間は止まりました。
長い人生という旅路の途中で
誰もが経験する忘れられない出来事。
それは「生きていく」大切さを
教えられた体験であり、
同時に、私が「私」でいるための
大きな学びでもありました。

突然やってきた母との別れ

私が福岡トヨタに入社してから、ずっと言い続けてきた**「No．1になる」**ためには、様々な体験や経験を乗り越えていく必要がありました。

それは、第1章や第2章で綴ってきた仕事上でのことがほとんどでしたが、実は、もっと辛くて、今でも思い出すだけで胸が張り裂けそうになる体験を社会人になってすぐに味わいました。私にとって「No．1になる」ことは、その体験にも負けない自分との約束でもあったのです。

念願の福岡トヨタに入社した私は、車のことなどまったくわからず、社会性や常識もなく怒られる毎日でしたが、やりたかった仕事ができる環境が何よりも嬉しくて、キラキラとした毎日を過ごしていました。

当時の古賀店（現・新宮古賀店）に配属になって数か月が経ったある日、初めて

CR（カスタマーリテンションの略で自社客）のお客様からお車をご購入いただきました。初めての経験から味わう嬉しい思いを帰ってお母さんに報告しようと、とても幸せな気持ちでいたところ、夜も7時を回っていたと記憶しています。父から携帯に電話がありました。２０１３年11月8日のことでした。

「万里佳、いいか、落ち着いて聞けよ。お母さんが自転車で帰宅途中に家の前ではねられたけん、すぐに来なさい」

今まで父から聞いたこともないような弱々しい声で告げられました。

私はその日の朝、母と口喧嘩《くちげんか》して家を出たきりでした。

母が朝つくってくれたお弁当の空箱を見ながら、私はいったい何が起きたのか頭が真っ白になりました。父に言われたことが理解できなかったのです。

病院に駆けつけると血だらけで意識不明状態の母が集中治療室のベッドに横たわっていて、私が、死ぬ間際でもうほとんど冷たくなった母の手を握ると「ぎゅっ」と握り返してくれましたが、それが私の母との最後となりました。

別室で待っている間、ずっと空になった弁当箱見つめながら、病院の先生に「どうにかしてください！」と泣きながら訴えましたが、

「もう、どうしようもないです。あとは待つだけです」

その言葉を聞いても、まったく納得できない自分がいました。

母をはねたのは無保険車を運転していた外国人留学生で、車の名義も本人ではなく、保険は明日からかけるつもりだったと聞かされました。

日本語も喋《しゃべ》れない相手に、どうやって私はこのやるせない怒りや悲しみの感情をぶつけたらいいかわからず、今起きていることがどうか悪い夢であってほしいと祈ることしかできませんでした。

日付も変わった午前3時頃、母は息をひきとりました。

「お母さん。朝はごめんね。今までもたくさんごめんね。今まで育ててくれてありがとう」

感謝も謝罪も直接は何も言えないまま、最愛の母との今生の別れとなりました。

私がNo.1にこだわり続ける本当の理由

どうか夢であってほしいと何度眠りについて何度朝を迎えても、母の姿はもうどこにもありません。10年経った今も尚、母を失った喪失感はまったく心の中から消えません。

当時、配属して数か月の私は車の保険の知識はもちろんなかったため、とりあえず保険会社の担当の方に相談しました。すると、私が自分の営業車にと2か月前に納車した車（車種：アクア）に「人身傷害の他車搭乗中および車外自動車事故補償特約」と「弁護士費用特約」を付けているからそれが使える、と教えてくれました。

私は営業車の保険を当時の先輩がおすすめでつくってくださったプランをそのままをかけていました。私はそのとき、そのような特約をつけていたことなんて理解していませんでした。でも、そのおかげで母への保険が下りたのです。

これをきっかけに私はプロに任せることの大切さ、保険という商品そのものの大切さを痛感じました。そして私もいち早く一人前の車と保険のプロになろうと心に決めました。

寂しさ、辛さ、憤《いきどお》り、やるせなさ、簡単に表現できないぐちゃぐちゃな感情。

夢のなかでしか会うことができない、もう永遠に会うことのできない母が、何度も何度も夢に現れます。母は、一度「死にたくなかった」と私に訴えかけてきました。お母さん、辛かったよね。悲しかったよね。

夢のなかで会えて、母と楽しい時間を過ごしたあと、ふと目を覚ました瞬間に叩き突きつけられる現実……。起きた瞬間に目からこぼれ落ちる涙……。

誰かがお葬式のときに言ってくれた「時が解決してくれる」という慰めも虚しく、10年経った今でもあのときの悲しみは何ひとつ変わりません。私が人生を終えるそのときまで、私はこの現実や喪失感と向き合い続けるんだと思います。

母がこの世を去ってからの10年間は、いわば私が福岡トヨタであがき、もがいてきた10年です。福岡トヨタで営業マンとしてNo.1を目指す私を「まーちゃん大丈夫かいな?」と、ずっと心配していた母を安心させるべく、私は福岡トヨタで

Ｎｏ．１になるという就職活動時に決めた想いを、それまで以上に強く心にもちました。辛い思いをまぎらわすよう、振り払うよう、少しでも忘れたくて、不器用ながらもがむしゃらに仕事と向き合いました。

そのなかで数々の挫折もありました。お客様もたくさん怒らせてしまい、お店のスタッフにもたくさん迷惑をかけながら、でも私はＮｏ．１になるという軸だけはぶらさずに、どうにか生きてきました。

たくさん辛いことや難しいことも経験した結果、信じられないような奇跡がたくさん起こりました。死ぬ気で仕事とＮｏ．１の夢と向き合い、全社Ｎｏ．１、全国Ｎｏ．１を達成したこの10年間……。

忌引《きび》きから明けたあと、当時の常務から**「あなたが一生懸命仕事を頑張る姿を見せることがお母さんへのいちばんの供養になる」**とお言葉をいただきました。

「きっと、お母さんが空から見てくれているはずだから」

そのお言葉に心から励まされ、とにかく仕事を頑張ろうと、そのあとは寂しさをまぎらわそうと、ただただ仕事に没頭しました。

絶対に後悔しない生き方がしたい

私は母の死から、人生いつ何が起こるかわからない、私だっていつ死ぬかわからないのだと悟りました。母のぶんまで私は生きたい、母と一緒に私は生きていきたい、そう思っています。

私の両親は、福岡で役者をしていました。両親が会社員ではなく、平日は家にいて土日に仕事に出かける姿に、「うちはよそとは違うんだ」と幼少期はあまり良く思っていませんでした。

9つ下の弟の面倒を土日に見なければいけないせいで、お外に遊びに行けないから……という理由もあったと思います。でも、お芝居をする母の姿は大好きで、キラキラとまぶしかった。輝いていました。

母は祖父が見つけてきた就職先を蹴《け》り、家出をして役者になる道を選びました。

その反動もあって祖父は「万里佳は良い高校、良い大学に行って、ちゃんと会社員になりなさい」と言いました。正直、母が死ぬまでは、両親の仕事を良く思っておらず、それであまり裕福でないことにも気づいていました。「母のようになりたくない」とさえ思っていました。会社員になって安定した生活を送りたい、そう思っていました。

ただ、母の死後、たくさんの人が母のいろいろなエピソードを聞かせてくれて、私が知らない母のことを知ることができました。

私が福岡トヨタでNo.1になるという夢を見つけることができて、それを達成するために必死に努力をするなかで、同じく「役者になる夢」を叶えた母の気持ちを知ることで、気づくことができました。

母にも父にも、「自分」と「自分の意志」がきちんとあって、それは誰になんと反対されても揺るがないものだった。夢を追い求め、一生懸命生きていた母のことを「こうなりたくない」と思ってきたけれど、大人になってやっとわかった。

「私もこういうふうに生きたい」

私の両親って、こんなにもかっこ良かったのか、と。

死ぬ間際まで、お芝居の練習を頑張っていたお母さん。

私は生前、お母さんの劇団のお芝居を観に行くのが好きで好きで堪《たま》らなかった。

夜中に「まーちゃん、台詞の読み合わせ付き合って」って言われながら、いやいやながらも付き合っていた思い出。お芝居では食べていけないので、劇団の先生やお葬式の司会の仕事をこなしながら、夜、晩御飯をつくるときまで、まるで念仏のように台詞を唱えていたお母さん。

失ったあとに、すべてに気づけた。どれだけ両立が大変だったか。どれだけ私が迷惑をかけていたか。

でも、お母さんは、いつもキラキラしていた。大好きなお芝居ができて、本当に幸せそうだった。

「あっ、私はこの人のぶんまで生きなきゃいけない」

心からそう思いました。

私が人生をまっとうしたあとに、お母さんから「頑張ったね」って言ってもらえるような後悔のない人生にしようと、目標であるＮｏ．１には必ずなろうと決意しました。

母には、いっぱい反抗してきました。喧嘩もたくさんしました。でも私はひと言も「お母さん、ごめんなさい」が言えなかった。後悔していることばかりが残っています。これからは少しも後悔したくない。だからこそ、今この瞬間に全力を尽くすことを決めました。

生きられなかった母のぶんまで余計に生きることを誓ったのです。

母がよく言っていた言葉があります。

「まーちゃんとけんちゃん（弟）がおって、お母さん幸せやけん、いつ死んでもいいよ」

それは、私や弟がすくすくと元気に育ってくれたことを嬉しく思っていた母なりの喜びからくる言葉でしたが、私は「そんなこと言わんで！」と弟と一緒に母に言っていました。

私は母の事故がある前から「言霊」を大事にしていたので、そんなこと絶対言ったらいかんよ。やけん私は「死にたくない」って常に言い続けよるよ。言ったほうがいい言葉は言わなきゃいけないし、言ったらいけないことは絶対言ったらいかん。大好きなお母さんには、そんな縁起でもないこと特に言ってほしくなかった。

私は大学生時代に2回、海外に短期留学をしましたが、そのとき母が書いてくれた手紙に、私はものすごく感動し、読んだあと号泣しました。
「いつもは言えんけど、お母さんはまーちゃんのことが大好きで、いつも心配しとるとよ」

そう書いてありました。

初任給をいただいたとき、母には化粧品をプレゼントしましたが、使っているところを見たことがありませんでした。「合わんかったんかなぁ」と私は心配していましたが、母がいなくなったあと、父から言われた言葉に私は涙しました。
「入社した初任給で買ってくれたものやけん絶対に使えん。もったいないけんって」

大事に大事に戸棚に仕舞っていたそうです。母が私のことをどれほど愛してくれていたのか、今ならよくわかります。

9歳まで弟がいなかった私は、まるで一人っ子のように母から寵愛《ちょうあい》されていたことも。死ぬまでずっとつくってくれたお弁当も、どんなに反抗して言ってはいけないことを言っても、見返りを求めず、無償の愛を捧げ続けてくれたことも。

たくさん謝りたい。いっぱい、いっぱい嫌なことをしてしまった。「本当にごめんなさい」って言いたい。でも、もう言えないんだって認識させられる瞬間に出会うたび、打ちのめされそうな絶望を感じ、ただただ苦しくなる。今までも、これからも、本当にあなたを愛して、ずっと感謝してるってことを伝えたい。

今なら身に沁みるほど、あなたの愛を理解できます。

お母さん。ありがとう。お母さん、いつかまた会えることを祈っています。

お母さんと私。2歳の誕生日

【第3章のまとめ】

◎自分の〝原点〟を大切にしよう

◎育った環境が人生には大きく影響する

◎二度の挫折を味わったからこそ絶対No.1になりたかった

◎仕事で大切なのは「誰でもできるようなことをやっているかどうか」

◎自分で選択して決め、自分から積極的に動くこと

◎考えて行動し、お客様に感動していただくこと

◎絶対に後悔しない生き方をしよう

◎自分が使う「言葉＝言霊」を大切にしよう

コラム：人のご縁が育んでくれた小さな物語

私がホテルで配膳スタッフとして働いていたときに、ブライダルフェアのアテンド（式場をご案内してプランナーに引き継ぐ係）をさせていただいたことが数回ありました。

普段は、披露宴中にお料理などを提供するのが配膳スタッフの役割なので、婚礼の詳しいことはわかりません。ドレスの試着や披露宴会場などにお連れして、ご興味がある方はプランナーに引き継ぐ――とにかくそれを延々と繰り返すという仕事でした。

いつものように、ホテルの入口でお客様を待ち構えていると幸せそうなカップルが入ってきました。「いらっしゃいませ」と笑顔でご挨拶し、会場へ案内することに。ちょっと寡黙《かもく》だけど笑顔がとびっきり眩《まぶ》しい彼氏さん、気さくにご自身や結婚のことを屈託《くったく》のない笑みで私に話しかけてくれる彼女さん。

初対面ながら、すぐに私たちは打ち解け合って、和《なご》やかな雰囲気で会場を歩いていると、彼女さんが急に「私、まりかちゃんがおるならここで挙げる！」と言ってくださいました。私がびっくりして「え？　本当にそんな感じで決めていいんですか？」と聞き返したのですが、「え？　いいよね？」と彼氏さんに聞いて、彼氏さんも「あなたがいいのであれば僕はいいよ」とプランナーさんに引き継ぐ前に1件ご成約となりました。

ホテル内でも「まさかの、配膳の木原が1件取ってきたらしい」とざわつき、プランナーさんやホテルの方からもお礼を言われてとても嬉しかったのを今でも覚えています。

そのお客様は〝由美さん〟という方だったのですが、「由美さん、私は普段、配膳スタッフとして働いているので、結婚式の当日は必ず何があっても配膳として担当させていただきますね」と約束しました。

時は経って、忘れもしない2012年3月17日の結婚式当日、由美さんのドレス姿を見て、私の目にうっすら涙が浮かびました。

ブライダルフェアのときに、「結婚式を挙げるならシンプルなドレスが着たいな〜」とおっしゃっていた由美さんが、本当にシンプルで、とても上品なドレスを身にまとっていたのです。「あ〜、本当にキレイだなあ。お二人とても幸せそうだなあって」と、私も幸せな気持ちで、当日は高砂（新郎新婦席）とご親族の方の席を担当させていただきました。

式も半ば、当時の上司から会場に入るようにと言われ、言われるがままになかに入ると、そこには笑顔の由美さんが「まりかちゃんありがとう！」ってサプライズで私に花束をプレゼントしてくれました。

ブライダルフェアのときは、まだ就活が始まったばかりだったのですが、婚礼当日にはもう福岡トヨタを受けることを決めていたので、「私はこれからも、こうやって人と関わって、人を幸せな気持ちにさせられる営業マンになりたいな」と思ったものです。

結婚式のあと、由美さんと何度か手紙などでやりとりをするなかで、私は報告の意味も込めて、福岡トヨタに内定をもらい、古賀店に配属になったことを伝えました。当時、福岡市内にお二人は住んでいたので、私の勤める古賀とは距離も近くありませんし、そのまま何もなく日々が過ぎていきました。

私が入社して数年経《た》ったある日、ショールームを歩いていると、先輩が対応しているお客様がふと目に入りました。すると「やっぱり、まりかちゃんここだったんだ!!」と笑顔の由美さんが近づいてきてびっくり。「なんかまりかちゃん、トヨタの古賀って言いよったよなあって！　実は主人の実家が近くて、古賀に家を買って車をちょうど探してるの！」と、これまた不思議なご縁にびっくり。

結局、シエンタをご購入いただいて、新しく増えたかわいいお子様2人を含めた由美さんのご家族と、また新たにお付き合いさせていただくことになりました。ご主人様が乗っている他メーカーの車を車検に入れていただいたり、お義父様を紹介いただいてアクアを買っていただいたり、今も側で支えてくださっています。

この度、店長になったことと、本を出していただくことを伝えると、「まるで娘のことのようにうれしいよ！」と喜んでくださって、「まりかちゃんからもらった手紙、大事に取っとるよ～」とLINEで写真をくれました。

本当に「人生は縁と運（弊社の金子社長が大事にされてるお言葉）だなあ」と感じるエピソードでした。

私はお客様とこういった素敵なストーリーをいっぱい、いっぱい、これまでも紡いできましたし、これからも紡《つむ》いでいくのだと思います。

ちょっと長めの「あとがき」
「人生は縁と運」だと感じるこの頃の気持ち

人生とは「縁と運」でつくられていくもの

「本を出す」

これはトップセールスとしてNo．1になることを志し、営業として実績を残していくうちに私のなかで新たに生まれた夢でした。

中途半端な気持ちで〝車売り〟の仕事と向き合っていたら、きっと私のなかに生まれていない感情だったと思います。

俗にいう「本を出す人」って、ひとつのことを一生懸命頑張って極めたプロだと思うのです。いつか自分にもそんなお声がかかるように、「私もこの道のプロになるぞ！　本物になるぞ！」と大それた夢だとはわかってはいましたが、そんな気持ちをもちながら、いつしか仕事をしていました。

私は、弊社福岡トヨタの金子直幹社長のことが大好きです。

社長面接の際に、「この人についていきたい」と思い、尊敬の念も年を経《へ》るごとに増えていっています。直幹社長は私たち社員に常々、

「夢をもちなさい。そしてそれを紙に書きなさい」

と言ってくださいます。福岡トヨタの社員手帳に、社長は全社員分の夢を毎年載せているのです。２０２０年に私が書いた夢は、

「Ｎｏ．１になる」

その宣言どおり、私はその年、初めて全社Ｎｏ．１になりました。

そして翌２０２１年の夢として書いたものが「本を出す」でした。

それが今回の話のすべての始まりだったと思います。

「人生は縁と運」

これも直幹社長がよくおっしゃる言葉です。私の人生には、ここ数年この言葉を如実に体感する素敵な出来事ばかりが起きるのです。

そのひとつが、株式会社ブロックス様から出していただいたドキュメンタリーDVDへの出演依頼でした。念願のNo．1になり、私が全社員大会で行った20分のスピーチ映像を観て、感動してくださったプロデューサーの西川聡さんからオファーをいただき、数か月に渡って実際の私の仕事風景を撮影したものです（これもぜひ、読者の皆様にも観ていただきたいです！）。

撮影も終盤に差しかかったとき、西川さんから「木原さん、No．1になったあとの次の夢は？」と聞かれました。

「うーん、最年少店長になることと、あとは死ぬまでに本を出せるくらい仕事で何かを成し遂げたいですね！」

私は、そう答えました。

「見せてもらったけど確か社員手帳にもその夢を書いていたよね、どうなるかはわからないけれど、出版社に知り合いがいるからその夢を話しておくよ」

西川さんの言葉を聞いて、そのときは「嬉しいなぁ」と思いつつも、まさかこうなるとは思ってもみませんでした。

数か月経ったある日、西川さんから「出版社の方にDVDを見せたら木原さんに会いたいと言ってくれているよ!」と電話をいただきました。私もそのときは「まさか?」と、携帯をもつ手が震えました。

その後、西川さんがつないでくださったご縁で、株式会社内外出版社の役員である小見敦夫さんとお会いし、そこから信じられないくらいの速さで、出版が決まり、この原稿を書いています。

私が死ぬ気で勝ち取ったNo.1と、死ぬほど憧れていた全社員大会でのスピーチ。それがきっかけでたくさんのご縁がつながり、そして運よく32歳で本を出すことができました。直幹社長の言うとおり「人生は縁と運」なんです。

私って「運」が良い人間なんです

先ほど、ここ数年この言葉の意味を如実に感じていると書きましたが、私の人生が縁と運に溢《あふ》れ出したのは、その言葉をより強く自分自身が意識するようになってからです。さかのぼること今から10年前、社長面接の際に、私は直幹社長に、

「あなたは運がいいですか？」

と聞かれました。そのときはとっさに、

「私は運がいいです」

と取り敢えずの気持ちで答えました。私は学生時代からつい数年前まで、今のように〝**自分が運の良い人間**〟だとは思っておらず、逆に、あまり良くないほうだと思っていました。

しかし、面接のときは、自分は絶対に福岡トヨタに入社してNo.1になると決めていたので空気を読んでそう答えたのです。

「私は運が良いです。絶対No．1になるから採用してください」

その言葉が決め手になったかどうかわかりませんが、私は無事福岡トヨタに採用していただき、入社後、郊外の小さな店舗に配属になりました。

都会の大型店みたいに大口で何台も注文が入ることもなく、国道沿いの立地の良い店舗のように新規のお客様が大勢来ることもありません。だからとにかくみんな「運がいいなあ」とひがんでいました。

ある日、かつては同じ店舗で働き、その後は別の新店舗に異動して活躍する後輩に対して、いつものように「あんたは本当に運が良いよね、ずるい！」と悪態をつきました。すると彼から「よくよく考えてください、実際は木原さんもめちゃくちゃ運が良いですよ？」と言われたのです。

「私は、運が良いのかな？」

言われたとおり、よくよく考えてみました。

あれ？　確かにそうだ、と。あれ？　どうして気づかなかったのだろう。

きっと私は、それまで周囲に対する感謝が今よりも全然足りなかったのだと思います。めちゃくちゃ素敵なお客様に囲まれて、いつも助けてくれるお店や本社のスタッフがいて、愛してくれる家族や友人がいて。でも、その現実に気づかず、「No．1になりたい！」その気持ちばかりが走りすぎて、そして焦って。

他人ばっかりずるい、羨ましいと、隣の芝生ばかりを見ていました。

自分がいかに運が良いのか、恵まれているのかに、彼の言葉でハッとさせられたのです。そしてその頃には、私は**「言葉の力＝言霊」**も強く意識し始めていたので、「みんなは運が良い！　私は悪い！」と言葉として発していたことで、自らが運を逃していたことにも気づきました。

「ああ、私は〝運が良い〟んだ。これからの人生は運が良いと言い続けよう」

そのとき心に決めました。

「私、運が良いんです」

いろいろな場面でそう言い始めると、あれやこれやと信じられないような良いことが起こるようになりました。お客様にもよく伝えます。

「私、運が良いので私から車を買ったほうがいいですよ」

ある日、社長のご指名で出張に同行する機会がありました。そのときに社長は、「木原は俺にいつも良い運を運んでくれる、だから今回も連れてきたんだ」と言ってくださました。「嬉しいなぁ」と心から思いました。私はそれからずっと〝**誰かに対して良い運を運べる存在になりたい**〟と思うようになりました。

これからも私は、大きな夢でも恥ずかしがらずに声に出し、紙に書いていきます。そして運が良いと言い続け、より良い運とご縁を引き寄せていきます。

書くことで実現していった自分の夢

紙に書くと言えば、もうひとつだけ、私が先日ゾクゾクしたエピソードを書かせてください。先にも書いた、福岡トヨタの社員手帳。社員全員分の夢を載せるページの他に、また別で自身の「プライベートな夢」や「仕事での夢」、そして、それを実現させるために5年分の計画を記入するページがあります。

ふと先日、2020年の社員手帳を見返すと、「2021年にNo.1」、「2022年に店長」と書いたうえに、生涯で叶えたいロマンの欄には大きく「本を出す」と書いていました。

他にもいくつかまだ叶っていない夢ももちろん書いてはいるのですが、当時なんとなくのイメージで書いたその計画通り、書いている年に3つも夢が叶っているのです（ちなみに2023年に「結婚」とも書いており……ますが、まだその予定はないです。トホホ）。

自分でも書いたことが当たりすぎて、ちょっと怖いと思いましたが、でもこれは夢を書いたあとに、無意識にか、意識的にか、私は夢を叶えるための努力をしていたことは間違いない事実なのです。

やっぱり夢や想いを口に出すこと、それを紙に書くことって、何か不思議な力が宿るのだろうなと感じた出来事でした。

この本に載っている〝カエル〟の意味

ところで、この本の表紙や随所にカエルさんの絵が登場していたことに、皆様はお気づきでしょうか？　これは私がいつからか描き始めたもので、友達にお手紙を書くときや職場でスタッフにメモなどを書くときなどに、よく一緒に添えて描いたりしています。

私は、そのカエルのことを自分の名前にちなんで「まりけろ」と呼んでいて、響きも気に入っているので自身のインスタグラムのユーザー名やメールアドレスにも使っています。家にもカエルのぬいぐるみや置物がいっぱいあり、とにかくカエルが大好きなのです。

今回、本の表紙に「何か挿絵《さしえ》を入れようか」という話が出たときに、ダメ元で「カエルを載せたいんですけど……」と言ってみたのです。それをを快諾してくれた編集者の鈴木七沖さんに感謝なのですが、私がどうしてカエルの持ち物をもったり、絵に描いたりし始めたのかというと、やっぱり私の愛する母がきっかけなのでした。

そもそもカエルの持ち物を私にもたせ始めたのは、お母さんだったのです。まだ私が小さい頃、お母さんから「まーちゃん折り畳み傘もっていきい、名前も書いとるけん」とカエルの折り畳み傘を渡されました。持ち手がカエルの顔になっていて「なんで、カエルなんだろう？」と思い、ふと油性マジックで傘に書いた名前を見ると「まりかL」とそこにありました。

ますます意味がわからず、これはどういう意味なのかと母に問うと、

「まりかが無事に帰るようにまりかにL（える）をつけて、まりかえる！　ダジャレやね〜」

と母は屈託《くったく》なく笑っていました。説明を聞いてもなお、意味はわかりませんでしたが、とにかく無事に私が帰ってくるようにカエルの持ち物をもたせてくれた気持ちが伝わり、その傘を大事に持ち歩いていました。

それからは私もいつの間にか、カエルが気に入り、母と一緒に少しずつカエルグッズを集めるようになったのです。私が「無事に帰るように」カエルグッズをもたせてくれた母が、結局、無事に家に帰れなかったことは、何とも皮肉だなあと今でも、えもゆわれぬ悲しい気持ちになりますが、これは母が残してくれた大きな愛だと思って、私は今でもカエルのグッズを持ち歩いています。
今の私があるのは間違いなく母のおかげなので、今回「まりけろさん」を本に登場させることができたのも、また私の大きな喜びのひとつです。

今回、書かせていただいたようなビジネス本ではなく推理小説だったのですが、母は生前、本を読むことが好きで、家事をする以外は、ずっと家で寝っ転がって本を読んでいました。母の生家にも私の実家にも母が遺した本はたくさんあり、本を読む母は幸せそうでした。本が大好きだった母に今回本を捧げられることで少しは親孝行できたのかと思うと、ほんのちょっとだけ救われるような気がします。

私はもう母とは会えないことは認識しています。でもふと風が吹いたときにお母さんだと感じることがあります。それこそ亡くなってすぐ、実家で弟とエレベーターに乗ったときに、2人とも何のボタンも押してもないのに、私たちの住む5階のボタンがピカっと光って急にエレベーターが動き出したことがありました。私は「ああ、きっとお母さんが傍《そば》にいてくれているんだなあ、それなら私が死ぬまで私はお母さんと一緒に生きていこう」、そう思って私は今、生きています。

私は記憶力が良いほうですが、それでも人間の記憶なんてもろくて、いつかは楽しかったことや悲しかったことなど、たくさんの瞬間を忘れてしまうでしょう。

今回、DVDや本を出すことになって、自らの過去と向き合うことや思い返すことが多くありました。その過程で、私のなかでも、すべてが徐々におぼろげになっている実感があり、それに対して恐怖心や寂しさを感じました。こうしている内にも、お母さんとの思い出も少しずつ薄れていく……。

それを感じたからこそ、こうして記憶でなく記録として32歳の私の〝今〟を形として残すことができることに、心の底からありがたみを感じています。

自分の限界を超えたときに奇跡は起こる

働き方改革やワークライフバランスなどが叫ばれる世の中で、私が根性だの、死ぬ気だの、あきらめないだのと言っているのは、少し時代に逆行しているのかな、という思いもあります。直幹社長の好きな言葉のひとつに、

「死ぬほどやっても人は死なない」

というものがあります。どれくらいの気持ちで目標に向き合えているのか、自分がやり遂げたい何かを見つけたとき、それくらいの気概でやってもいいじゃないか、と私も思います。死ぬ気でやったからこそ見ることができる景色や世界というものは間違いなくあって、その瞬間を少しでも多くの方に感じてほしいと思います。

楽しいだけじゃ感じることのできない、自身の能力やパワーなどを調整しようなんてすると得られない、**とにかく必死に取り組んで限界を超えたときや、自分自身のリミッターを外したときに、その人が起こせるものが「奇跡」なんだ**と思います。

奇跡を起こせたときの自分はなんだか誇らしい。そして、そこで初めて自分を愛することができると私は思います。

元来の私は、自分に対する劣等感やコンプレックスが強く、もともとがネガティブ思考です。おっちょこちょいで気が利かない、雑で、人から愛されない……。トップセールスになればなるほど忙しくなり、お客様1人ひとりに密に接することができなくなる、お店のスタッフの手も借りなければならず迷惑も掛けてしまう。お客様が増えれば増えるほど感じるジレンマ。

もっと人を愛したい、そして愛されたい。そんなダメな自分を少しでも好きになりたくて、私はNo.1を目指していました。なぜなら、No.1になるために頑張って、がむしゃらに努力する自分だけは愛せたからです。がんばったね、と言ってやれるからです。

もちろん私がここまでこれたのは間違いなく自分の実力ではなく、運と縁、そして私を支えてくださった、すべての方のおかげです。それに気づくことができたのも結局、必死に仕事と自分と向き合ってきたからだと思います。たくさんあきらめたくなったけど、あきらめなくて良かった、葛藤《かっとう》や犠牲の先にこんな美しい世界が私を待ち受けているとは10年前の私には想像もつきませんでした。

母は生前、こう私に教えてくれました。

「この世の中は自然淘汰《とうた》、弱いものは淘汰されていく、そしてまーちゃん、花は散るけんこそ美しいとよ」

この世の中は、強い気持ちがないと生き残ることはできない、そして花はいつか散る。自らの命は有限であることから、必死に咲いている人生の、その刹那《せつな》を強く美しく生きなさい。母は私にそう教えてくれたと思います。

ここに辿りつくまで、私が犠牲にしてきたものは間違いなくあるし、楽しいことよりも辛いことのほうが多かったのかもしれません。

でもNo.1になるという夢を叶えるために、死ぬ気で向き合ったこの10年間に私はまったく後悔はありません。それまでの人生に後悔が多かったからこそ、一縷《いちる》の望みを信じ続け、No.1になれたことで、自分を愛することができるようになったかけがえのない10年でした。
楽しいこと、嫌なこと、悲しいこと、嬉しいこと、そのすべてにおいて、「自分の人生を自分の意志で生きている」と感じられた、何とも愛おしい時間でした。
だから私はこれからもきっと、何が起きても、あきらめたくなるけど絶対に自分の人生をあきらめない。

私をここまで育ててくださった大切なお客様、大好きな福岡トヨタの仲間、全国のトップセールスの仲間、愛する家族そして友人、本を出す私の夢を叶えてくれた金子直幹社長、縁をつないでくださったブロックスの西川聡さん、内外出版社の小見敦夫さん、そして私と一緒に言葉で埋め尽くされた深海を泳ぎ、私に本を編む愉しさと宝物をくださった編集者の鈴木七沖さんに心からの愛を込めて。

２０２３年３月吉日
木原　万里佳

映像で観る「木原万里佳」

私の仕事に対する思い、No．1になるまでの軌跡、実際の接客や商談の様子、お客様との関係、後輩との関わりなど、普段の活動を約2ヶ月間に渡り密着取材していただきました。「絶対にあきらめない」その想いがいっぱい詰まったドキュメンタリー映像になっています。このDVDをご覧になった方から「仕事に向き合う熱量に胸が熱くなった」「お客様の信頼の高さに感動した」「営業の仕事がしてみたくなった」など、たくさんの嬉しい感想をいただいています。

このDVDは、ブロックス様から発売されています。詳しい内容は、下のQRコードからご確認いただけます。サンプル映像も観ることができますので、ぜひご覧ください！

木原万里佳　Marika Kihara

1990年、福岡県福岡市博多区出身。西南学院大学文学部外国語学科英語専攻（現 外国語学部外国語学科）卒。大学在学時に始めた福岡ドームでのビール売りのアルバイトで3年連続1位を獲得。周囲の勧めもあり就職活動時に営業職を志す。大学卒業後、福岡トヨタ自動車株式会社へ入社、古賀店（現 新宮古賀店）へ配属。入社後、新人賞を獲得、その後、約200名の営業スタッフのなかで、7年連続営業成績トップ10入賞し、念願であった全社No.1を2年連続受賞する。JAF獲得や割賦販売、自動車保険にも注力しており、JAFにおいては2021年福岡県内獲得ポイント4部門入賞、割賦は2019年、トヨタファイナンス株式会社全国割賦比率2位、保険は東京海上日動火災保険株式会社のクレイチ王者決定戦において、全国約32000人のなかから全国1位を2度獲得。2022年、株式会社ブロックスよりドキュメンタリーDVD「志GOTO人シリーズ」として『信じる力、諦めない心。』を発売。同年12月、女性で初めて新車店舗の店長に最年少で就任する。2023年4月、初めての著書『あきらめたくなるけど、絶対にあきらめない。』（小社刊）を出版する。

あきらめたくなるけど、絶対にあきらめない。

発行日　2023年5月5日　第1刷発行

著　者　木原万里佳
発行者　清田名人
発行所　株式会社内外出版社
〒110-8578 東京都台東区東上野2-1-11
電話 03-5830-0368（企画販売局）　電話 03-5830-0237（編集部）
https://www.naigai-p.co.jp
印刷･製本　中央精版印刷株式会社

ISBN 978-4-86257-660-6 C0030

【内外出版社の本】

崔 燎 平 の ベ ス ト セ ラ ー

大人気の開運アドバイザーが伝える

強運をみがく「暦」の秘密

定価1,650円（本体1,500円+税10%）
ISBN978-4-86257-616-3

第1章
暮らしのなかで
「五節句」を楽しむ

第2章
「土用」には心と体の
メンテナンス

第3章
あの世とつながる
「お彼岸」と「お盆」

第4章
大切にしたい行事&
年末年始の過ごし方

おまけ
タイプ別でわかる
運気の流れ

【内外出版社の本】

崔 燎 平 の 好 評 既 刊

50000人を占ってわかった

99%の人生を決める 1%の運の開き方

定価1,650円(本体1,500円+税10%)

ISBN978-4-86257-352-0

50000人を占ってわかった

愛を叶える人 見離される人

定価1,650円(本体1,500円+税10%)

ISBN978-4-86257-444-2

金運の正体

50000人を占ってわかった
お金と才能の話

定価1,650円(本体1,500円+税10%)

ISBN978-4-86257-511-1